AF408803

Théologie de Mgr Jean Zoa

Joseph Kuate

CIP a Camerei Naţionale a Cărţii

Kuate, Joseph.

Théologie de Mgr Jean Zoa / Joseph Kuate. – Chişinău : Generis Publishing, 2020 (Print on demand). – 89 p.

Referinţe bibliogr.: p. 83-86 şi în subsol.

ISBN 978-9975-3429-2-6.

27-7(671.1)

K 89

Cover Image: www.pixabay.com
Online orders: www.generis-publishing.com
Orders by email: info@generis-publishing.com

Préface

Certains esprits particulièrement éclairés ont eu la sagesse de nous transmettre la maxime selon laquelle *historia magistra* vitae (l'histoire est la maîtresse de la vie). D'autres personnes, au jugement tout aussi clairvoyant, ont eu l'à propos de nous léguer la sentence suivante : « si tu ne sais pas où tu vas, souviens-toi d'où tu viens ». Tous, suivant leurs propres génies, ont clairement affirmé l'importance de la connaissance du passé pour une invention heureuse de l'avenir. C'est au nom de cette conviction que nombre de chercheurs ont consacré du temps à la lecture et à l'écriture de l'histoire. A leur nombre, s'ajoute Joseph Kuate avec le présent ouvrage. En produisant la présente monographie, ce jeune auteur nous offre une source supplémentaire pour une meilleure compréhension de ceux qui furent avant que nous ne soyons.

Les pages qu'il met à notre disposition comportent elles-mêmes une valeur du fait de leur seule existence. A dire vrai, la production d'un écrit vient toujours combler un vide scientifique, d'une manière ou d'une autre. Par ailleurs, on peut également attacher du prix à cet ouvrage en ce qu'il bénéficie de la rigueur et de la technicité d'une recherche scientifique raisonnablement menée. Il revêt encore une pertinence particulière pour l'histoire du christianisme en Afrique en raison du thème qu'il aborde : la théologie de Mgr Jean Zoa, un pasteur de l'Eglise du Cameroun. Ce défunt archevêque de Yaoundé est une figure de proue pour l'émergence des Eglises locales en Afrique centrale.

Hors des sentiers battus qui conduisent généralement aux bibliographies linéaires du personnage, le présent ouvrage dévoile les fondements théologiques sur lesquels l'archevêque de Yaoundé a bâti ses admirables actions pastorales.

Voici donc un nouvel instrument capable de nous introduire efficacement à la connaissance des pionniers africains de l'évangile. Que par la traversée de ce livre son exemple édifie le lecteur !

Elvis Elengabeka

Introduction

Le 20 avril 1998, disparaissait Mgr Jean Zoa, l'archevêque métropolitaine de Yaoundé, après trente sept ans d'intense œuvres pastorales à la tête de l'archidiocèse de la capitale du Cameroun. Un de ses successeurs, Mgr Victor Tonye Mbakot, écrivait en 2004 : « Nous savons célébrer, voire sur-célébrer les vivants. Nous savons organiser les enterrements fastueux, mais oublier nos grands personnages une fois qu'ils sont dans la sépulture. » Interpellé par ce sage conseil nous voulons, en revisitant la vie et la pensée du pasteur, sauver son héritage de l'oubli.

Mgr Jean Zoa, n'avait pas peut-être publié un livre de théologie en dehors de sa thèse doctorale[1] soutenue à l'université Urbanienne de la *Propaganda Fide* en 1953 et des livrets pédagogiques qu'il écrivait lorsqu'il était aumônier des jeunes et directeur des œuvres avant de devenir archevêque, son travail de pasteur ne lui donnant pas le temps de systématiser les idées développées dans ses nombreuses conférences et homélies pour un traité de théologie. Cependant, il avait laissé une riche littérature théologique que la postérité peut s'en servir copieusement. L'ancien Nonce au Cameroun, Mgr Antonio Ariotti, parlait de lui à l'installation de Mgr Victor Tonye Bakot comme archevêque de Yaoundé en 2003 avec ces termes :

> *Ce géant de l'Eglise que fut Mgr Zoa a contribué, ou bien a été déterminant pour la construction de la communauté catholique de Yaoundé. On perçoit ici l'éclairage sous lequel le grand archevêque avait tracé la voie d'une synthèse toujours vivante, entre la sève de l'évangile, et l'essentiel à nos références temporelles. Sa conception de l'Eglise était redevable de son expérience du concile vécu, non seulement comme moment de renouveau théologique mais comme une expérience de foi personnelle.[2]*

A en croire le nonce, Mgr Jean Zoa est fils et acteur de la construction de l'Eglise du Cameroun. C'est une Eglise héritée des missionnaires arrivés au Cameroun à partir de 1890. Le temps des héritiers commencent dans les années 1950 avec la nomination des premiers évêques camerounais (Mgr Paul Etoga (1955) et Mgr Thomas Mongo (1956)). Mgr Jean Zoa est le troisième camerounais élevé au rang d'évêque en 1961. Ces fils du pays qui remplaçaient les missionnaires étaient appelés à ne pas se contenter de l'héritage reçu mais de le fructifier. Il est bien entendu, qu'en creusant les nombreux écrits surtout homilétiques de Mgr Jean Zoa,

---

[1] Le titre du doctorat de Mgr Jean Zoa est : *Un nom nouveau. Etude exégitico-théologique de la nouvelle communauté chrétienne.*

[2] Mgr Eliseo Antonio Ariotti, Nonce apostolique au Cameroun, in P. Azeufack, *Mgr André Wouking, Pasteur selon le cœur de Dieu*, Les Presses Universitaires de Yaoundé 2004.

on décèlera une richesse théologique, exégétique, ecclésiologique… Cette richesse est marquée provient aussi de ses expériences du Concile Vatican II auquel il a pris part à tous les quatre sessions.

Au sujet de ses homélies, le Père Nicolas Ossama écrit : « On les attendait avec patience aux dates prévues : à Pâques, à la Pentecôte, à l'Assomption, à la Toussaint, à Noël, ainsi que lors de certains événements. On savait ses homélies, doctrinales autant que pastorales, et toujours soucieuses d'actualisation. »[3]

Nous allons donc faire un essai de systématisation de la pensée théologique de l'archevêque tout en prévenant le lecteur que nous nous mettons sur une pente glissante. En effet, toute tentative de systématisation de la pensée des grands hommes peut s'avérer une trahison ou une tentation de limiter ou de confiner leur réflexion dans des thèmes figés alors qu'elles vont bien au-delà. Toutefois, même comme trahison, le risque vaut la peine, car il déblaie la piste pour une compréhension même imparfaite de ces grands hommes. Il provoque d'autres chercheurs qui se lèvent pour compléter, pour corriger et pour contester les pionniers qui ont risqué. Aussi, nous n'avons pas eu accès à toute la production littéraire de l'évêque. Le peu que nous avons exploité nous a été fourni par la gracieuse générosité du Révérend Frère Philippe Azeufack, sj. Nous profitons de l'occasion ici pour lui témoigner notre gratitude.

---

[3] Nicolas Ossama, *Monseigneur Jean Zoa. Christianisme africain et destin de l'Afrique*, Imprimerie CPS/ Paul Etoga, Mbalmayo 2006, p. 97.

Aperçu biographique de Mgr Jean Zoa

Jean Zoa est né vers décembre 1922 au pays Manguissa dans le département de la Lékié, de Crescence Assanga Messina et de Vitus Manga. L'évangélisation du pays Manguissa était encore à ses débuts avec le Père Ritter qui sera pour beaucoup dans la détermination de la vocation de Jean Zoa. Son oncle catéchiste, Simon Zogo Nkada, initiait les gens aux rudiments de l'alphabétisation à l'école de Nkolo dans le village chrétien. Jean Zoa passa une année dans cette école. L'école à cycle complet se trouvait jusqu'à Efok en pays Eton à plus de 50 km et pas moins de 72 heures de marche à travers les pistes et sentiers de la forêt et de la brousse, les cours d'eau, le soleil et la pluie. Notre écolier a neuf ans. Son désir d'aller à Efok continuer ses études se heurte à la réticence puis à la résignation des parents. Qui a lu *L'Enfant Noir* de Camara Laye, comprend l'angoisse des parents de ce moment où l'Afrique entrait en contact avec l'école occidentale. Les enfants qui habituellement grandissaient à côté de leurs parents leur causent de la peine quand ils sont arrachés précocement pour aller à l'école. Le monde traditionnel clos redoutait ce qu'il y a au pays inconnu qui parfois n'était qu'à un jet de pierre.

Jean Zoa entre à l'école catholique d'Efok en 1930 et reçoit son baptême la même année. Ecolier studieux et obéissant, il gagne la confiance du Père Ritter qui le prend pour vivre avec lui. Enfant de cœur, il l'accompagne dans ses tournées missionnaires.

A la fin de ses études primaires en 1937, il est décidé à devenir prêtre comme son tuteur qui d'ailleurs l'encourage dans sa vocation. Ce dernier écrit à Mgr Vogt recommandant Jean Zoa pour le petit séminaire d'Akono. Il y fait son entrée le 16 septembre 1937 en classe de 6ᵉ. Le directeur de cette structure est un grand séminariste, l'Abbé Paul Etoga, qui deviendra le premier camerounais évêque en 1955. Jean Zoa fait un parcours sans faille au séminaire de la 6ᵉ en terminale, toujours en tête de sa promotion. En janvier 1944, il entre au Grand séminaire de Mvolyé et y passe deux bonnes années de philosophie. Il est envoyé par la suite au pré-séminaire d'Efok pour l'année de probation. Là, il enseigne le latin, le français, l'histoire-géographie et les mathématiques.

Après la seconde guerre mondiale, le monde subit des transformations. L'Afrique noire a porté sa contribution durant la guerre pour la libération des Européens de la famine et des forces nazies et fascistes. Elle commence à bénéficier des concessions au niveau politique et l'Eglise qui par la voix des Papes Benoît XV et Pie XI avait pressé les missionnaires à hâter le pas à la préparation du clergé indigène et à l'octroi des responsabilités à eux, veut encore faire un pas de plus. En 1946, Pie XII donne feu vert pour l'accueil des séminaristes et prêtres africains dans les universités pontificales de Rome. Mgr René Graffin, se basant sans doute sur les rapports des formateurs aux séminaires, choisit Jean Zoa pour aller étudier à Rome à l'université de *la Propaganda Fide*, aujourd'hui, Université Urbanienne de Rome.

En Europe d'après-guerre, la conscience du monde noir soulevée par la négritude des années 1930 en France gagne les universités ecclésiastiques. Les Africains remettent en cause la manière dont leur continent a été évangélisé et revendiquent leur mot à dire sur leur Eglise et son avenir. C'est dans cette atmosphère que va baigner Jean Zoa.

Il est ordonné prêtre le 3 octobre 1950 dans la chapelle de la *Propaganda Fide* mais poursuit encore ses études en vue d'une thèse en théologie biblique sous le titre : *Un nom nouveau. Etude exégético-théologique de la nouveauté chrétienne*, qu'il défend en 1953.

De retour au Cameroun en 1953, nanti de son doctorat, on s'attendait en sorte que le jeune docteur prenne une chaire au grand séminaire. Le vicaire apostolique, Mgr René Graffin, ne l'entend pas ainsi et veut éprouver ce jeune intellectuel qui a passé six ans hors du terroir. Il l'envoie à Yangben dans le Mbam avec la mission de créer la paroisse d'Ombessa, à la déception des grands séminaristes qui s'attendaient à bénéficier des cours du premier docteur camerounais en théologie et de ses expériences. Imprudemment, ils crient racisme chargeant l'évêque d'un dossier déjà lourd d'accusations de comportements dédaigneux vis-à-vis des indigènes.

Toutefois, la brousse aura été une grande école pour l'Abbé Jean Zoa, car même s'il avait parcouru des kilomètres hors de son pays, il n'avait connu chez lui que son milieu Bëti et la vie au séminaire. Il va découvrir un autre peuple d'une autre culture, confronté à un quotidien plus rude et créer avec ses chrétiens une paroisse sans grandes ressources. L'Abbé Jean Zoa apprendra que le salut des âmes ne s'effectuera pas sans le salut des corps. C'est ainsi qu'il fonde sa paroisse en même temps que l'école et une petite structure de santé. Docteur de son état, il ne manquera pas lui-même de prendre la craie pour alphabétiser les tout-petits. Après deux ans de service bien accompli dans le Mbam, il est nommé vicaire à la paroisse de Mokolo à Yaoundé et aumônier de la JOC. Il découvre un terrain favorable pour la pastorale des intellectuels de la capitale politique au moment où se joue la détermination de l'avenir du Cameroun. Il se passionne pour l'encadrement spirituel, culturel et l'éducation civique des Jocistes. Ses homélies sont sollicitées par les élèves du Lycée

Leclerc parmi lesquels Paul Biya, l'actuel président du Cameroun.[4]

Il est nommé curé de Mokolo en 1957, mais n'assume cette charge qu'une année, car en 1958, il devient directeur diocésain des œuvres. Il va mettre son talent d'intellectuel pour organiser ce secteur de la vie diocésaine. Il travaille en vue de définir une charte pour la direction des œuvres et rassemble à Tala le 11 mai 1960 une trentaine de prêtres (séculiers, religieux et *Fidei donum*) pour une mise en commun des objectifs et des méthodes pour la pastorale auprès des laïcs. Il œuvre pour la création et l'extension de la JOC, la JEC, la JAC dans les paroisses et pour une meilleure organisation et gestion des écoles, de la santé, de la pastorale sociale…

En 1960, il ouvre un foyer culturel à Messa comportant une salle de lecture, une salle de réunion, une bibliothèque et lance *Novo et Vetera*, un cercle d'études et de réflexion à Mvog-Mbi avec une revue du même nom. Cette familiarité avec le milieu laïc marquera sa théologie et sa pastorale quand il sera archevêque. A l'heure de l'indépendance, il trouve opportun de former ceux qui prendront les rennes de la nation à l'humanisme chrétien. Il crée le 20 novembre 1960, l'université populaire *Novo et Vetera* dans le but d'aider les jeunes de la capitale à se former à la vie politique et au développement socio-économique de leur pays.[5] Elle compte 84 enseignants bénévoles et plus de 1400 étudiants repartis en quatre centres : Nkolndongo, Mvog-Mbi, Messa, Nlongkak. Des cours de comptabilité, de droit, de commerce, d'économie politique et de culture générale sont dispensés en cours du soir.

En 1960-1961, Mgr Graffin multiplie quelques maladresses qui, non seulement amplifient ses relations tendues avec son clergé, mais aussi vexent le peuple de Dieu de certains coins de l'archidiocèse. Il faut dire que dans la fièvre de l'indépendance, le peuple a appris à ne plus accepter n'importe quel comportement. Mgr Graffin est rappelé au Vatican et prié de déposer sa démission. Jean XXIII, le pape de l'*aggiornamento*, c'est-à-dire de la mise à jour de l'Eglise, veut à la tête de l'archidiocèse de Yaoundé, un fils du terroir. Les rumeurs que Jean Zoa remplacera Mgr Graffin soulèvent déjà les hostilités de certains de ses confrères le taxant de «blancophile» qui dépêchent même un télégramme à Rome pour protester. Jean Zoa apprend qu'il est proposé à la tête de l'archidiocèse le 18 septembre 1961 et veut refuser la charge au vu des difficultés à surmonter et de l'hostilité manifestée par certains de ses confrères. Il entreprend les démarches pour dissuader la *Propaganda Fide* qui lui signifie que son choix est irréversible. Rome confirme sa nomination le 20 novembre 1961 et le 21 décembre de la même année, il est consacré à Rome par le

---

⁴ Jean-Paul Messina, *Jean Zoa, prêtre et archevêque de Yaoundé*, Presse de l'UCAC, 1998, p. 43.
⁵ *Ibidem*, p. 45.

Cardinal Agagianian, préfet de la *Propaganda Fide*. Du retour au Cameroun, il est bien accueilli et fêté. Le 7 janvier 1962, il est intronisé à la cathédrale de Yaoundé par Mgr Sergio Pegnodeli. Le chef d'Etat, Ahmadou Ahidjo, est présent avec le corps diplomatique et les ministres ainsi qu'une vingtaine d'évêques. La devise du nouvel archevêque est *Adveniat Regnum Tuum* (que ton Règne vienne). Ce règne de Dieu n'adviendra selon l'archevêque qu'avec la promotion des valeurs humaines : la liberté, la justice, le respect du droit… Il est surtout préoccupé par la dignité de la personne humaine, notamment des femmes, de l'avenir de la jeunesse et de l'unité nationale, thèmes que nous développerons avec sa théologie.

Au moment où il prend la tête de l'archidiocèse de Yaoundé, le concile Vatican II était à sa phase préparatoire. Il sera présent à ses quatre sessions et sa contribution sera de taille. Il est surtout un des rédacteurs de la constitution dogmatique *Gaudium et Spes, l'Eglise du monde de ce temps.*

A son retour, il cherchera à concrétiser les directives conciliaires dans sa pastorale. Il fait venir les spécialistes, les Jésuites, Martelet et De Jaef, le Dominicain, Guillou, le chanoine Houtard, les théologiens Jean-Yves Calvez et Vincent Cosmas pour l'explication des documents conciliaires au peuple de Dieu de Yaoundé. Il bénéficie de l'expérience acquise de ses premières années de pastorale. La tâche est grande et l'archidiocèse plus grand encore. Dès 1964, il introduit au Saint Siège la demande d'en détacher le Mbam et en 1968, le diocèse de Bafia est créé. En 1987, ce sera le tour d'Obala. Il demande aussi un évêque auxiliaire après concertation avec son clergé. Le 12 décembre 1974, l'Abbé Jean-Baptiste Ama est nommé évêque auxiliaire de Yaoundé.

Les autres problèmes qu'il avait hérités de son prédécesseur étaient la discipline de son clergé et les tensions au séminaire d'Otélé. Il s'efforce à exploiter les talents de chacun de ses prêtres et même de ses contestataires d'antan et investit sur la formation intellectuelle de beaucoup de membres de son clergé. Il se rend disponible à écouter tout le monde tout en cherchant à ramener chacun à la raison. Les hostilités tombent de soi et cèdent place au dialogue.

Ayant travaillé longtemps avec le laïcat, il reste aussi très proche des fidèles laïcs et organise la pastorale des groupes chrétiens laïcs, de même que le secteur social : école, santé, développement socio-économique et caritas.

La renommée de Mgr Jean Zoa déborde les cadres de son archidiocèse. Il contribue à l'organisation de la conférence épiscopale nationale et en sera président pendant des années. Il est aussi l'un des pères fondateurs du SCEAM (symposium de la conférence épiscopale des évêques d'Afrique et de Madagascar), un des pères du synode Africain de 1994. Il accueillera par deux fois dans son archidiocèse le Pape Jean Paul II (1985 et 1995) ainsi que plusieurs délégués du Saint Siège.

En 37 ans d'épiscopat, il a créé beaucoup de paroisses et de structures sociales dans son diocèse. Il meurt le 20 mars 1998 en route pour l'hôpital, suite à un malaise cardiaque survenu dans sa cathédrale lors de la célébration des obsèques de Mgr Paul Etoga, évêque émérite de Mbalmayo et premier camerounais évêque. Au moment où la mort l'emportait, il était en train de bâtir un sanctuaire à Mvolyé dédié à la Vierge Marie conçu l'année du centenaire.

Sources et méthode théologiques chez Mgr Zoa

Les trois sources d'inspiration théologique que reconnaît l'Eglise Catholique sont les Saintes-Ecritures, le magistère contenu dans les décrets conciliaires et les enseignements des souverains pontifes, puis la tradition de l'Eglise. Mgr Zoa en 37 ans d'épiscopat a su exploiter ces sources à la manière d'un pasteur qui nourrit ses brebis, pour alimenter le peuple de Dieu de l'archidiocèse de Yaoundé. Nous serons injuste si nous n'ajoutons pas aux trois sources reconnues par l'Eglise une quatrième qui est la situation réelle dans laquelle se trouvaient ses fidèles ou ses auditeurs. Comme dit précédemment, il contextualisait ou actualisait dans le cadre de vie de ses fidèles, les textes des Saintes-Ecritures de fois choisis par la liturgie du jour ou la circonstance de la célébration comme le train de mort ou l'incendie de Nsam qui a fait plusieurs sinistrés. Il écrivait en 1963 :

> *Je crois donc qu'il nous faut franchement choisir et penser, parler à partir de l'Afrique, penser également à l'éducation religieuse qu'il faut donner au peuple d'Afrique. L'Eglise chrétienne doit essayer d'éduquer la charité chrétienne en Afrique, en tenant compte de ce qui existe en Afrique.[6]*

Les décrets du Concile Vatican II ont une place privilégiée dans ses homélies et ses réflexions, de même que les enseignements des Papes Jean XXIII, Paul VI et Jean-Paul II. Il est peu versé dans les Pères de l'Eglise, du moins dans ses textes auxquels nous avons eu accès. Le Père qu'il cite plus d'une fois est Saint Augustin (354-430), l'évêque d'Hippone. Africain et évêque comme lui, pouvait-il échapper parmi ses inspirateurs ? Saint Irénée de Lyon a aussi une place de choix dans sa christologie. Il s'inspire peu des théologiens camerounais qui sont ses contemporains.

---

[6] Jean Zoa, « Problème d'Eglise dans un pays en voie de développement », in *La documention catholique*, 1403 (7 juillet 1963), 871.

En effet, il ne les cite pas, mais il ne les ignore pas, car il prend parfois position pour ou contre les idées de l'un ou de l'autre sans évoquer les noms. Sans entrer dans les détails, il y a eu très peu de collaboration entre les évêques et les théologiens camerounais et on a eu parfois l'impression à certains moments que les deux entités se méfiaient sans vouloir s'opposer. Les historiens et les théologiens pourront investiguer sur la cause de cette méfiance réciproque ou vérifier si notre impression est fausse. Nous n'avons pas l'intention d'aborder la question ici.

Pour revenir sur la méthode théologique de Mgr Zoa, deux éléments lui étaient chers pour progresser dans sa démarche, à savoir, la rationalité et la responsabilité. Au sujet du premier élément, il écrivait :

Nous sommes en voie de la dégradation rapide du christianisme si nous n'apprenons pas à nos chrétiens à se servir de la raison pour qu'ils deviennent capables de dialoguer avec le Christ...car, c'est le Verbe Incarné qui nous a donné la raison et qui donne à la raison l'appoint surnaturel de la foi. [7]

La pastorale (…) est d'abord une attitude spirituelle qui nous pousse à rechercher, à mettre en lumière et à exploiter le côté nourrissant des vérités révélées et de la doctrine enseignée et prêchée. D'où l'importance du langage, de la présentation, de l'attention à l'homme et ses conditionnements de tout genre. Et c'est ainsi que la pastorale devient une technique, un art, une science qui nous enseigne les moyens humains les plus aptes à faire passer dans la vie et à rendre fécondes toutes les richesses (Parole et sacrements) que Dieu a léguées à son Eglise pour le bien de l'humanité. [8]

Il écrivait jadis dans ses premiers jours dans la pastorale sur la nécessité de structurer une véritable réflexion et un approfondissement de la foi dans le contexte camerounais de l'heure:

Catholiques du Cameroun, notre pays, dans sa partie du sud, a embrassé, dans un grand enthousiasme, la foi chrétienne (…). Depuis, ce pays a évolué. De multiples problèmes angoissent actuellement sa conscience de néophyte. Il incombe à ses enfants de tenter un effort de réflexion pour trouver à ces problèmes des solutions chrétiennes, s'inspirant des principes évangéliques. Cet effort s'impose indispensable, si nous voulons sortir de l'infantilisme spirituel pour accéder à la maturité humaine et chrétienne que le Christ et sa

---

[7] Idem, *Lettre circulaire* n°7 (24 mai 1964).
[8] Mgr Jean Zoa, « La mission du laïc africain à la lumière de Vatican II », in *Rencontre panafricano-malgache des laïcs Accra (Ghana)*, 11-18 août 1971, 31.

La responsabilité consiste chez lui à faire en sorte que les chrétiens surtout laïcs fassent de leur foi quelque chose d'existentielle, un lieu de rencontre personnelle avec le Christ, un passage de l'émotion à la prise de position réfléchie pour Jésus-Christ et son évangile. Il est bien entendu, qu'il voulait toujours jeter un pont entre foi et vie. « Cet effort d'éducation, d'approfondissement et d'intériorisation de la foi et de ses exigences, est indispensable dans un diocèse à 85% baptisé catholique, s'il veut en vérité l'aujourd'hui de l'appel de Jésus dans son Eglise ainsi que les interpellations de son message ».[10]

La première évangélisation de notre pays, constate-t-il, a été faite selon une méthode notionnelle, une méthode d'autorité qui a conduit à façonner un type de chrétiens qui se situent rarement par rapport à Jésus-Christ et encore moins à l'Esprit-Saint. Ses références sont le prêtre, le catéchiste, l'évêque.[11]

Pour lui, l'Eglise doit chercher à épouser la pédagogie de Jean-Baptiste, c'est-à-dire apprendre à diminuer pour que le Christ grandisse, à catéchiser sur la personne du Christ, sur l'évangile, les actions de l'Esprit-Saint. La pastorale demande que le pasteur conduise les brebis dans les prairies et les eaux limpides sans se substituer à elles.

Dans la plupart de ses écrits, Mgr Jean Zoa emploie la déduction qui consiste à partir des principes (Ecritures, magistère, tradition) pour trouver des règles à appliquer dans les situations concrètes. Toutefois, il suggère aussi la méthode inductive qui partirait de la base, autrement dit, des cas concrets, pour une élaboration des règles qui correspondent avec les principes scripturaires, ceci surtout en matière de la théologie de l'inculturation. Il réclame une recension des différents rites de passage (naissance, éducation, initiation, fiançailles, mariage, maladie, mort), puis une réflexion sur leur signification métaphysique, religieuse, sociale, hygiénique, esthétique, cosmique et chercher leurs références communes universalisables et leur compatibilité avec l'évangile. La déduction et l'induction ne sont pas des méthodes

---

[9] Jean Zoa, « Pour un nationalisme chrétien », in *L'Effort Camerounais*, 1 (15 septembre 1957), cité par G. Di Salvatore, « La force des Suimangas. Le long parcours des paysans ESSOR », in *Cahiers de Réflexion*, 3 (1998), 19.

[10] Mgr Jean Zoa, *La relance du Synode, in Archidiocèse de Yaoundé. Synode diocésain, Une Eglise africaine s'interroge*, p. 29. (polycopie).

[11] La catéchèse notionnelle et la centration de l'Eglise sur la hiérarchie est la résultante du concile de Trente. Pour répondre aux réformateurs qui avaient mis en cause le sacerdoce ministériel, ce concile avait trop développé la doctrine du sacerdoce et avait donné beaucoup plus d'importance aux prêtres, aux évêques et au Pape. Le concile Vatican I n'avait réfléchi que sur le Pape et les évêques. Il faudrait attendre Pie XI pour voir la théologie du laïcat prendre de l'envol pour arriver à son apogée au Concile Vatican II.

mécaniques. Elles procèdent par l'examen critique pour ne pas reproduire des notions toutes faites à appliquer à la réalité. Toutefois, l'archevêque de Yaoundé ne faisait pas une critique stérile, mais méthodique ou responsable et invitait ses fidèles à faire de même.

Il s'accorde pleinement au Pape Paul VI dans son encyclique sociale *Octogesima Advenientes*. Le souverain Pontife écrivait :

> *Il revient aux communautés chrétiennes d'analyser avec objectivité la situation propre de leur pays, de l'éclairer par la lumière des paroles inaltérables de l'évangile, de puiser les principes de réflexion, des normes de jugement et des directives dans l'enseignement social de l'Eglise... A ces communauté, il revient de discerner avec l'aide de l'Esprit Saint, en communion avec les frères chrétiens et tous les hommes de bonne volonté, les options et les engagement qu'il convient de prendre pour opérer les transformations sociales, politiques qui s'avèrent nécessaires avec urgence en cas de besoin.*[12]

Il adopte aussi donc la méthode participative qui consiste à soumettre ses auditeurs ou ses fidèles à une enquête préliminaire afin de trouver des éléments ou des orientations à donner à sa prédication ou son exposé. Avant certaines de ses rencontres avec les étudiants, il leur demandait d'avance ce sur quoi ils voulaient qu'il leur parle. Dans ses tournées pastorales, il écoutait ses fidèles et trouvait dans les causeries avec eux, la matière à réflexion à laquelle il appliquait sa méthode critique, sa méthode inductive ou déductive. On peut observer cela sur un morceau de son sermon de Noël 1989 dans lequel, il fustige la soi-disant solidarité africaine :

> *Au cours de l'année 88-89, j'ai consacré deux ou trois jours à chacune des paroisses de la Mefou. J'avais demandé aux jeunes (binanga), aux adultes et anciens du village (Benyabodo) comment ils appréciaient la vie au village. La réponse a été unanime : la malveillance, la jalousie, l'aben nnem, les accusations gratuites, les calomnies. Telle est la toile de fond de l'existence au village. « Un enfer » ! Les villages du Centre, province très « chrétienne » sont au bord de l'autodestruction. C'est le règne de la peur ! Celle-ci décourage ou étouffe toute initiative créatrice et novatrice. C'est le nivellement par le bas. C'est le règne du kong ou famla stérilisant ou paralysant.*[13]

Pour ce qui est de la forme, ses écrits et même ses homélies obéissent à la méthode académique, avec une introduction, des parties et des sous-parties bien titrées et une conclusion. Le professeur Messina souligne le sérieux qu'il mettait pour

---

[12] Paul VI, *Octogesima Adveniens* n°4, cité par Mgr Jean Zoa, in *Approche globale pour préparer des outils et élaborer une pédagogie catéchétique*, 9 mai 1994, 9.

[13] *Homélie de Noël 1989.*

leur préparation et dit qu'il n'hésitait pas à se servir des instruments académiques comme les dictionnaires théologiques, documents conciliaires... Il faut l'admettre, Mgr Zoa a été un académicien-pasteur. Que voulons-nous dire par ce néologisme ? Mgr Zoa était de par ses études universitaires un chercheur, mais comme pasteur, il adaptait ses analyses académiques au niveau de son peuple. Il vulgarisait en quelques sortes ses savoirs scientifiques pour ne pas planer dans les nuages. C'est l'aujourd'hui de Dieu au milieu de son peuple qui était la trame dans ses réflexions. Il cite bien ses sources comme on a dit ailleurs et s'il omet de citer, c'est parfois par délicatesse, car il était de personnalité réservée et discrète.[14]

Si Mgr Jean Zoa avait eu l'opportunité de rassembler et de systématiser lui-même toute sa pensée théologique, il l'aurait structuré selon les quatre axes de sa pastorale, à savoir, l'axe de la connaissance de Jésus-Christ et de son Eglise, l'axe de l'élan missionnaire, l'axe du développement de la caristas et de justice et paix et enfin, l'axe de l'organisation rationnelle des biens disponibles ou de la gestion. C'est d'ailleurs avec cette grille qu'il a parfois lu les documents de l'Eglise, comme on peut l'observer avec la préparation de son diocèse au synode africain de 1994.[15] Nous voulons dont dans la présentation de sa pensée théologique respecter ces axes, bien sûr, avec un peu de forcing. Il sera question donc dans le premier axe de sa christologie, de son ecclésiologie, la mariologie, la théologie du sacerdoce et celle du laïcat et de l'éthique chrétienne; dans le second point, nous aborderons sa théologie missionnaire, l'inculturation et la théologie de l'unité ; Le troisième et le quatrième axes seront jumelés car le développement et la gestion comportent des points communs. Y entreront la théologie de libération, la théologie de la création et l'inculturation.

---

[14] Cf Jean-Paul Messina, *Jean Zoa, prêtre, archevêque de Yaoundé*, Karthala, Paris 2000, p. 224.
[15] Cf *Synode des évêques africains. Une approche globale pour la préparation des outils et élaborer une pédagogie catéchétique*, 9 mai 1994, 11-16.

AXE 1 :

CONNAISSANCE DE JESUS-CHRIST ET DE SON EGLISE

Christologie de Mgr Jean Zoa

« Qui est Jésus ? Tout homme doit tôt ou tard affronter cette question ; même s'il n'en a pas envie comme Pilate ».[16] La connaissance du Christ et de son Eglise est l'objet de l'axe premier du plan pastoral de Mgr Jean Zoa. Les célébrations liturgiques offrent à l'archevêque de Yaoundé un champ fertile pour les réflexions sur le Christ. Malheureusement, nous n'avons eu accès que très partiellement à ses homélies et la plupart étant celles des temps forts de liturgie : Noël, Pâques, Ascension, Assomption, Toussaint… Cette limitation ou insuffisance nous empêche de savoir ce qu'il a pu réfléchir sur certaines paroles et faits du Christ, les miracles par exemple. La christologie de Mgr Zoa que nous allons aborder tournera donc autour du mystère de l'incarnation et du mystère de la rédemption, mais ces deux mystères entourent sa mission en générale surtout ses enseignements dans lesquels il nous révèle le Père.

Mystère de l'incarnation

L'origine du Christ est divine et céleste. L'archevêque perçoit le Christ en ce personnage mystérieux du livre de Daniel 7, 13-14, descendant du ciel qui « annonce la nouveauté de l'œuvre de Dieu dans le monde et suggère le message évangélique ». Ce personnage qui vient, est l'achèvement des annonces et des attentes faites aux prophètes, à nos ancêtres. Il se présente comme juge des vivants et des morts.[17]Jésus-Christ est le Dieu, faisant irruption dans l'histoire profane et politique des hommes. C'est ainsi que les anges l'ont annoncé aux bergers, mais aussi les circonstances de sa naissance l'attestent : Le décret de César Auguste, le recensement, l'empire romain identifié avec la terre habitée. « Le rappel généalogique indique la profondeur du plongeon vertigineux dans l'épaisseur ethnique, politique, historique, socio-culturel du Verbe ».[18] Jésus est le « premier-né » d'où sa consécration à Dieu (cf Ex 13, 1-2). Cette mention a aussi une connotation juridique et chronologique bien qu'il soit l'unique fils de la Vierge Marie. La mention veut aussi dire qu'il est le premier-né de l'humanité nouvelle.[19] « La nativité affiche le souci de l'insertion engagée du

---

[16] Homélie de la Christ Roi, 23 novembre 1997, in Jean Paul Messina, *Jean Zoa prêtre et archevêque de Yaoundé*, p. 275.

[17] *Ibidem*, p. 270.

[18] Homélie de la messe de minuit, 25 décembre 1993.

[19] *Ibidem*.

message dans la réalité historique et quotidienne, dans sa dimension civique (recensement), familiale (logement, accouchement), agro-pastorale (berger)… Il s'agit d'un Dieu personnel qui s'intéresse à l'homme concret… sans acception de classe ».[20]

En somme, Christ est le Dieu venu chez les hommes dans leur chair. Si l'on nie l'humanité du Christ, le christianisme tombe. Il n'y aurait par conséquent ni rédemption ni connaissance de Dieu et c'est ainsi que la Rose-Croix au Cameroun s'avère être un danger pour la foi chrétienne.[21]

> *Le don du Fils est la première faveur du Père, le gage de toutes les autres. Le Verbe fait chair en est la plénitude. La divinité est en lui corporellement, et avec elle tous les dons. De cette plénitude, nous avons tous reçu, attiré à lui, associés à sa vie divine, devenus nous aussi plénitude à notre tour, « réceptacles parfaits de ses grâces et de ses dons » comblés de toutes les énergies divines, par où vit l'Eglise, son corps mystique et chacun des membres qui la composent.*[22]

Baptême et mission du Christ

La consécration du Christ comme Messie, c'est-à-dire l'OINT, a lieu au Jourdain. Sur lui au baptême, le Père attire et fixe nos regards de la même manière qu'à la transfiguration avec Pierre, Jean et Jacques. Dieu ne consacre qu'en vue d'une mission. Le Christ est oint par l'Esprit au Jourdain (Mt 3, 16) pour annoncer la Bonne Nouvelle aux pauvres (autrement dit, leur porter le message de salut), la libération des opprimés et proclamer la véritable année jubilaire (Lv 25, 10) qui comportait dans l'Ancien Testament la libération des esclaves et la restitution des biens patrimoniaux. « En somme, il s'agit du programme essentiel du ministère de Jésus, Messie », le programme messianique qui devient la *magna charta* de tout baptisé.[23] « Il s'agit du projet du Dieu Créateur qui vient dans son Fils obéissant, reprendre, réhabiliter et récapituler la réalisation du plan divin ».[24]

Dès les débuts de son ministère, Jésus fait face à des dangers qui tentent de le

---

²⁰ *Ibidem.*
²¹ Homélie de la Toussaint, 3 novembre 1993.
²² Homélie de Noel, 25 décembre 1997.
²³ Cf Homélie de la Toussaint, 3 novembre 1996.
²⁴ Homélie de l'Immaculée Conception, 8 décembre 1994, in Philippe Azeufack, *Monseigneur Jean Zoa, pasteur et ami des jeunes*, AMA, Yaoundé, 2000, p. 104.

détourner de sa mission ou à le faire sortir du cadre tracé par le Père. C'est la tentation au désert à laquelle le diable voudrait qu'il soit servi au lieu de servir, ce qui est contraire à son acte d'abandon à la volonté du Père : « Tu n'as voulu ni sacrifice, ni oblation, mais tu m'as formé un corps ; tu n'as voulu agréer ni holocauste, ni sacrifice pour les péchés. Alors, j'ai dit : Voici je viens, car c'est de moi qu'il est question dans le rouleau du livre, pour faire ta volonté » (Hb 10, 4-7).[25]

Le Christ accomplit son programme en association avec les pécheurs et ne veut pas leur extermination (Mt 3, 13-17) : « Je suis venu appeler les pécheurs ». Il refuse le vœu des fils de Zébédée qui demande qu'il envoie son feu divin, le feu vengeur sur les populations qui ont refusé de le recevoir.

Révélation du Père par le Christ

Le but principal du ministère de Jésus est de nous révéler le Père et de nous conduire à lui. La connaissance du Père ne provient d'aucune inspiration humaine supérieure ni de la recherche de notre esprit. « Elle est donnée en Jésus-Christ, en qui, pour ainsi dire, on touche la manifestation de Dieu (1 Jn 1-3). 'Personne ne peut venir à moi si le Père ne l'attire' » (Jn 6, 44).

> *Jésus réduira tout son enseignement à nous apprendre le Père (Jn 16, 26 ; Mt 11, 27). Telle est la vérité fondamentale et première en laquelle sont contenues toutes les autres vérités. ' En vérité, en vérité, je vous le dis, nous parlons de ce que nous savons, nous témoignons de ce que nous avons vu ; mais vous n'acceptez pas notre témoignage' (Jn 3, 11 ; cf Jn 5, 30 ; 8, 14 ; 6, 42).*[26]

Jésus parle du Père en témoin. « La foi chrétien nous instruit du mystère de Dieu par le seul témoin possible de Dieu, son Fils ».[27] Il nous révèle le Père comme le Saint, le Parfait : « La sainteté de Dieu est un des attributs divins, c'est-à-dire un caractère essentiel de l'être de Dieu. En Jésus, cet attribut acquiert une dimension et une expression morales et éthiques. La sainteté devient une attitude morale dans les attitudes et les comportements ».[28] « Vous donc, soyez donc parfaits (Mt 5, 48 ou miséricordieux (Lc 6, 36) comme votre Père céleste est parfait et miséricordieux. Soyez les fils du Père qui est dans les cieux, car il fait lever son soleil sur les méchants et sur les bons et tomber la pluie sur les justes et sur les injustes (Mt 5,

---

[25] *Ibidem.*
[26] Homélie de Pâques 1984
[27] Homélie de Pâques, 3 avril 1994.
[28] Homélie de la Toussaint, 6 novembre 1994.

45)».[29]

L'autre attribut du Père est donc le miséricordieux, c'est-à-dire, celui qui laisse son cœur touché par la misère de ses enfants que nous sommes. A plusieurs reprises, Mgr Zoa a utilisé la parabole du Bon Samaritain dans ses homélies pour illustrer la miséricorde de Dieu révélé par et en Jésus-Christ qui se penche pour soigner les blessures de ses enfants miséreux, alors que nos frères prêtres et lévites enfermés dans les tabous cultuels et culturels passent outre.

Le Dieu de Jésus-Christ est essentiellement le Dieu d'amour. Son amour pour nous a été si grand qu'il a envoyé son Fils unique souffrir pour nous, « celui qui nous aime ; qui nous a délivrés de nos péchés par son sang, qui a fait de nous un royaume et des prêtres de Dieu son Père, il nous aime d'un amour mystérieux comme celui du Père, lui qui a accepté que Jésus son Fils bien-aimé souffre la passion pour nous ».[30]Le Dieu de Jésus-Christ est Amour et Communion. « Il aime le premier. Jésus témoigne cet amour. Croire en Dieu c'est entrer dans la relation d'amour. Jamais, il n'a été aussi bien démontré pourquoi l'amour fraternel est essentiel à la foi ».[31]

Dieu est le Pasteur et le troupeau que nous sommes lui appartient. Lui seul en est la mesure de le guider et de le nourrir. En dehors de Dieu, personne ne peut apaiser sa faim, son besoin de sécurité, de certitude et d'amour. Lui seul est source de la vie physique et spirituelle, naturelle et surnaturelle, don de son amour paternel.[32]

Quelques titres et faits du Christ

* Restaurateur de l'humanité déchue et de l'histoire

Jésus révèle Dieu agissant en lui par la maîtrise des forces de la nature. A sa parole la nature obéit tout comme à la création, les choses vinrent à l'existence à la seule parole de Dieu.

Jésus révèle que la véritable restauration d'Israël et de l'humanité se trouve et se réalise en lui. Lui, qui calme les « grandes tempêtes » des hommes et du monde, celles qui se lèvent sur la mer, les séismes qui accompagnent les

---

[29] *Ibidem*
[30] Homélie du Christ Roi, 23 novembre 1997, in Jean Paul Messina, *Jean Zoa prêtre et archevêque de Yaoundé*, p. 271.
[31] Homélie de la Toussaint, 6 novembre 1994.
[32] Homélie de Noël, 25 décembre 1993.

grandes transformations de l'histoire humaine... Il est le « Fils du Dieu Vivant », « le Fils de l'homme » qui remet les péchés, le Médecin de l'Humanité, l'époux qui ouvre la fête fraternelle dans le monde des hommes, il est celui qui donne vie au monde.[33]

* Législateur et juge

Seul le Christ peut interpeler sur les échelles de valeur (cf Mt 8, 5-7) et souverainement. Jésus a le droit divin de légiférer sous tous les cieux. Il a le droit divin de bouleverser et de mettre en cause toutes les échelles de valeurs de toutes les cultures : Vous avez appris, qu'il a été dit aux anciens... Mais Moi, je vous dis... » (Mt 5, 21-48). N'est-il pas le seul à détenir les Paroles de la vie éternelle ? (Jn 6, 68).[34]

* Le Fils de Dieu et vrai homme né de la Vierge Marie

Jésus est le Fils de Dieu, mais il a un vrai corps conçu et né de la Vierge Marie. Il donne vraiment son sang. Il souffre. Il ressuscite. Si l'on refuse que le Christ est venu dans la chair (humanité), tout le christianisme s'écroule ; il n'est plus ni rédemption (salut) ni connaissance de Dieu.

La passion et la mort de Jésus

Pour Mgr Jean Zoa, la souffrance et la mort du Christ ont un sens didactique :

Jésus nous invite à reconnaître le mal dans toutes ses formes : le mal physique et le mal moral. Mais aussi à travers l'Ecriture, il nous entraîne à assumer le mal. Nous ne pouvons pas faire que le mal n'existe pas. Et Jésus viens apprendre à assumer le mal... Jésus est venu apprendre à gérer le mal... Gérer les aspects négatifs de la condition humaine... Quand il y a une manifestation de la condition humaine qui est portée à la déchéance, à la diminution, à la finitude, comme on dit en philosophie et que le Seigneur demande de faire des efforts préventifs, de faire des efforts pour augmenter notre santé... nous nous refugions dans les forces surnaturelles, supranaturelles qui font que nous

---

[33] Homélie d'ordinations presbytérales, 2 juillet 1994.
[34] *Ibidem.*

soyons incapables de rien...[35]

Jésus entraîne l'humanité au salut par la souffrance, la lutte pour la libération du péché et des forces du mal. Sa royauté est celle du Messie souffrant.

Jésus est raillé par la foule hurlante. Battu, humilié, couvert de sang, couronné d'épines, livré à la dérision. Il est interrogé par Pilate : « Es-tu le roi des juifs ? Sa réponse positive est suivie d'une explication : « Ma royauté n'est pas de ce monde ». Sa royauté consiste à ce qu'il rende témoignage à la vérité et rassemble les hommes (enfants de Dieu dispersés) dans la vérité (Jn 18, 33-37) ».

Cette royauté du Christ selon Jean n'est ni utopie, ni idéologie. « Il revendique le titre de Roi, non pas pour dominer, mais pour donner, partager, pardonner et sauver ».[36] Sa royauté

> *s'exerce partout où les hommes et les femmes sont impliqués dans la conquête de leur liberté, de leur bien-être, de leur épanouissement, de la justice et de la paix. Renoncer à soi, à son égoïsme, lutter contre le mal et le péché qui a nom la haine, la violence, le mensonge, la calomnie, l'exploitation et le mépris du prochain, l'enrichissement par le vol, les détournements, la corruption, les pots-de-vin, la vengeance, la torture, l'adultère, l'homicide, l'avortement, le viol, l'assassinat.[37]*

C'est s'enrôler au service de Jésus-Christ Roi pour manifester le Dieu « dont l'amour et la sainteté s'allient et se compénètrent indissolublement pour s'affirmer dans la passion et la mort sur le calvaire ».[38] « Jésus a le droit divin de légiférer sous tous les cieux. Il a droit divin de bouleverser et de mettre en cause toutes les échelles de valeurs de toutes les cultures. 'Vous avez appris qu'il a été dit… mais moi, je vous dis…' (Mt 5, 21-48) ». Toutefois, son pouvoir royal ne lui permet pas de discuter les responsabilités avec les souverains terrestres : ministres, rois, hauts responsables. Il exerce sa fonction de roi en témoignant la vérité à laquelle il invite Pilate, et non en s'imposant ou en dominant, car il est le chemin, la vérité, la vie (Jn 14, 6). Il juge pour sauver et pour cela, les juifs ne lui pardonnent pas de ne pas être leur libérateur politique qui détruirait leurs ennemis.

> *Cet homme, Jésus, dont par trois fois le gouverneur affirme l'innocence et qu'il voudrait libérer, cet homme dit être le Fils de Dieu ; il explique son actuelle*

---

[35] Jean Zoa, *Engagement dans la société*, cité par Giuseppe Di Salvatore in « Thèmes majeurs de la prédication de Mgr Jean Zoa », *Cahiers de réflexion* 7 (2008), 93.
[36] Homélie du Christ Roi, 23 novembre 1997, in Jean Paul Messina, *Jean Zoa prêtre et archevêque de Yaoundé,* p. 275.
[37] Homélie de l'ascension, 29 mai 1992.
[38] Homélie de la Toussaint, 6 novembre 1994.

dépendance d'un pouvoir terrestre comme un moment d'un dessein voulu par Dieu et sur lequel le fonctionnaire impérial n'a aucun pouvoir (Jn 19, 10-11). Malheureusement, Pilate n'aime pas assez la vérité pour surmonter la crainte d'être blâmé par Rome, de compromettre sa carrière. Il livre à la mort de la croix le témoin de la Vérité, de Dieu, de son Amour, de son dessein, et de son projet salvifique ![39]

La résurrection du Christ

« Le tombeau vide affirme la victoire de la Vie sur la Mort ».

Le but des apparitions de Jésus dans la pédagogie de la révélation est clair :

1. Assurer et entraîner la perception et la conscience de la nouvelle présence réelle du ressuscité dans l'Eglise à travers l'histoire.

2. Inculquer que la compréhension et l'assimilation de cette présence sont de l'effet de l'illumination de l'Esprit Saint qui vient au secours de notre faiblesse, « car nous ne savons pas prier comme il faut... » (Rm 8, 26)

Voilà pourquoi la foi pascale habilite les disciples à la mission : répandre, diffuser, proclamer l'œuvre du salut en Christ dans le monde entier.[40]

Sur le fait même de la résurrection, elle est un mystère, c'est-à-dire un phénomène dont l'intelligence humaine ne peut pénétrer et comprendre sans le concours de la foi. Sa réalité est évidente et bouleversante, les autorités religieuses en ont pris actes et ne peuvent la mettre en cause. Pour cela, ils soudoient les soldats pour témoigner le contraire. Mais il suffirait d'une enquête même peu approfondie pour découvrir les preuves que le corps n'a pas été volé comme le prétendraient ces autorités, car les voleurs l'auront emporté avec les bandelettes et le suaire. « Rappelons-nous de la scène de Lazare sortant du tombeau, ' les pieds et les mains liés de bandelettes et le visage enveloppé de suaire ».[41]

Le corps du Christ ressuscité est un corps réel : « Voyez mes plaies... touchez... », dit-il à Thomas. Ce n'est donc pas un corps astral dans le sens de la Rose-croix, c'est-à-dire du principe intermédiaire entre l'âme et le corps. Mais ce corps, comme l'explique Paul, n'est pas exactement semblable aux nôtres. Corps

---

[39] Homélie du Christ Roi, 23 novembre 1997, in Jean Paul Messina, *Jean Zoa prêtre et archevêque de Yaoundé*, p. 276.
[40] Homélie de Pâques, 11 avril 1993.
[41] *Ibidem.*

parfaitement réel, il est pénétré par l'Esprit, transfiguré par la gloire de Dieu, comme celui du Christ déjà à la transfiguration sur le Thabor. (Mt 17, 1-9 ; Mc 9, 2-10).[42] La résurrection du Christ est différente d'un retour à la vie comme ce fut pour Lazare (Jn 11, 1-44), pour la fille de Jaïre (Mc 5, 23 - 43), pour le fils unique de la veuve (Lc 7, 11-17) qui sont de nouveau morts.[43] La prédication apostolique est basée sur la résurrection que les apôtres appellent aussi exaltation, car par elle l'humanité se trouve rehaussée.

> *Le Dieu d'Abraham, d'Isaac et de Jacob, le Dieu de nos pères, a glorifié son serviteur Jésus que vous aviez livré et que vous aviez rejeté en présence de Pilate qui était décidé à le relâcher. Vous avez refusé le Saint et le Juste et aviez réclamé la grâce d'un meurtrier* (Ac 3, 13-14).

Ecclésiologie de Mgr Jean Zoa

L'ecclésiologie est le discours de l'Eglise sur elle-même, la manière dont l'Eglise se voit elle-même. Ce discours est souvent schématisé par des images métaphoriques ou des analogies. La Bible en fournit plusieurs parmi lesquelles Mgr Zoa choisit quelques unes pour soutenir sa compréhension de l'Eglise.

Eglise : Peuple de Dieu

Ce concept est surtout pétrinien, c'est-à-dire beaucoup utilisé par Saint Pierre. Le chef des apôtres voit l'Eglise comme le peuple de Dieu acquis par le baptême à la louange de son Sauveur qui a appelé ses membres des ténèbres à son admirable lumière (1P 2, 10). Pour l'archevêque de Yaoundé, « l'Eglise n'est pas un concept abstrait et encore moins une structure de l'ensemble des baptisés formé par de pasteurs par le clergé, de religieux et tout particulièrement de laïcs. Elle est le peuple des baptisés ayant chacun des fonctions au sein de ce peuple et au service de ce peuple ».[44]

L'arrière-fond de ce concept est l'ancien Israël, peuple de Dieu qu'il a appelé de l'esclavage d'Egypte vers la terre promise de Canaan. L'apôtre veut décomplexer

---

[42] Homélie de l'Ascension, 28 mai 1992.
[43] *Ibidem.*
[44] *Ensemble* n° 8 (1970)

les païens des communautés du Pont, de la Bithynie, de la Galatie, de la Cappadoce, d'Asie mineure à qui il écrit (1P, 1,1), troublés par les juifs qui revendiquent d'être l'unique peuple de Dieu, en leur disant que c'est eux (les païens) qui sont le véritable peuple de Dieu, héritiers des promesses faites par Dieu et déjà donnés en garantie par la résurrection de leur Sauveur Jésus-Christ. Vatican II utilisera le concept, peuple de Dieu en marche vers le Royaume (*LG* 9). L'appartenance au peuple de Dieu n'est pas qu'un privilège comme entendent les juifs, elle implique des fonctions à chaque membre et surtout des services pour la croissance et le dynamisme de ce peuple, consent Mgr Jean Zoa. Les concepts de fonctions et services au sein du peuple vont l'amener à expliciter sa compréhension d'Eglise par un autre concept, celui du Corps du Christ.

Eglise : Corps mystique du Christ

Cette image est empruntée de Saint Paul, elle est donc une ecclésiologie paulinienne. L'apôtre des Gentils prêche aux citoyens de l'empire romain habitué au langage militaire et diplomatique, mais va au-delà de leur sens en abordant un langage purement biologique. Il traite de la vie même de la communauté qui est comme un corps soucieux de sa santé. Saint Paul utilise ce concept de manière accentuée dans la première lettre aux Corinthiens. La communauté de Corinthe connaît des conflits, des désordres dus en partie à la préférence sélectionnée des différents pasteurs qui sont passés chez eux et d'autre part par les diversités de charismes qui occasionnent les tiraillements, chacun réclamant son charisme plus important que ceux des autres (1 Cor 1, 10-16 ; 12, 21-31). L'apôtre souligne l'importance de chaque membre de la communauté et de son charisme pour l'ensemble de la communauté avec l'image du corps. Dans un corps, on a les pieds, la tête, les mains… et aucun ne réclame la supériorité ou son importance par rapport au reste du corps, car tous sont utiles et travaillent pour le bien de tout le corps.

L'archevêque de Yaoundé à la Pentecôte de 1980 s'appuie sur cette image paulinienne du corps pour dire à ses fidèles :

Mes frères, mes sœurs, nous sommes les membres vivants du corps mystique du Christ qui est l'Eglise. Le Christ est lui-même la tête. L'authenticité de la vie du corps entier et celle de chacun des membres du corps dépend de la réalité et de la façon dont il participe à la vie, au courant vital qui amène tout le corps à être commandé par la tête. [45]

L'évêque veut dire que chaque membre de l'Eglise, laïc, religieux ou clerc, participe à la vie de l'Eglise et par la même occasion exhorter l'ensemble des baptisés à vivre selon l'évangile.

Eglise : Famille de Dieu

Cette image est celle du synode africain tenu à Rome en avril-mai 1994 où les Pères synodaux, parmi lesquels Mgr Jean Zoa, ont voulu s'inspirer de la notion de famille africaine pour comprendre ce qu'est l'Eglise ou pour suggérer ce qu'elle doit être. Mgr Zoa définit cette famille comme foules de disciples qui écoutent le Christ parmi lesquels, les malades, les infirmes, les gens qui subissent les tourments (Mt 4, 23), les découragés, les écrasés, les sans-travail, les refusés d'écoles, les enfants de la rue, les filles-mères, les vieillards abandonnés, les sauveteurs, les brouettiers, les sidéens, les habitués des allées ministérielles jamais satisfaits ou servis, les blessés de la vie… sur qui Jésus lance un regard compatissant (Mt 9, 56) et les invite à son école pour trouver le repos.[46] Il les appelle à la sainteté, c'est-à-dire la vie des béatitudes.[47] Ne dira-t-il pas au jugement dernier que c'est lui qu'on n'a pas servi ou qu'on a servi en refusant de les servir ou en les servant, eux qui sont ses frères et sœurs, autrement dit de sa famille ? (cf Mt 25, 40 ; 45). L'archevêque de Yaoundé connaissait bien la foule de fidèles qui fréquentait ses prêches. Elle était comme un troupeau des brebis abattues par des multiples soucis qui leur donnent envie de croire qu'elles sont exclues de la famille de Dieu.

Si l'Eglise est famille, elle est donc une communauté de frères et de sœurs qui modèlent leur vie sur celle du grand frère par excellence qui est le Seigneur Jésus.

> *L'Eglise est une communauté dans laquelle toute discrimination est une trahison. Son message porte en lui-même… la vertu intrinsèque de sauver, de purifier, d'évangéliser et de féconder les esprits, les cœurs, les comportements, les attitudes, les relations, les activités, l'organisation de la société dans ses composantes.* [48]

Pour cela « nous sommes une famille dont le Père Céleste reste le Père de tous, Jésus, le frère aîné et dévoué et l'Esprit-Saint, le souffle familial qui anime pour que

---

[45] *Homélie de la Pentecôte* (25 mai 1980).
[46] *Homélie de la Toussaint* (1er novembre 1996).
[47] *Ibidem.*
[48] *Homélie de la Pâques 1994*, 3 avril 1994.

nous reproduisions les habitudes du Père ».[49]

L'Eglise famille est le lieu d'honnêteté et de dignité morale dans la communauté civile et politique[50] d'où le chrétien devient sel et lumière, ferment de la transformation de l'histoire et de la société. Il incombe à la famille un rôle actif de sollicitude, de concertation à provoquer, d'union à promouvoir et de services mutuels.[51] Cette famille est une famille ouverte au monde, elle est le lieu de la convergence de nos traditions mais surtout le lieu où l'évangile rayonne.

Mariologie de Mgr Jean Zoa

Par le oui de l'annonciation, en mettant au monde l'Auteur de la vie, en communiant à l'oblation de son Fils sur la croix, Marie a contribué (co-rédemptrice) de façon spéciale à la victoire sur la mort ; elle a contribué à notre salut.[52]

Mgr Zoa développe sa réflexion sur Marie dans les textes auxquels nous avons eu accès autour de deux thèmes le cœur de Marie et l'Assomption de Marie.

Le cœur de Marie

Le cœur indique dans la Bible le centre de la personne ; la profondeur de son Moi humain, le tréfonds de nous-mêmes, l'intimité de la conscience… C'est là que s'enfonce les racines de la vie religieuse authentique, c'est là que s'opère le clair-obscur de la foi, le face à face sans mensonge et sans tricherie que nous offre « l'Amen de Dieu. C'est-à-dire le témoin fidèle et vrai » celui qui vint interpeler l'Ange de l'Eglise de Laodicée : « J'entrerai chez lui pour souper, moi près de lui et lui près de moi », les yeux dans les yeux (Ap 3, 20).[53]

Mgr Zoa définit le Cœur de Marie comme le réceptacle où s'opère et se vit humainement le mystère de l'incarnation, la Naissance et l'Adoration du Fils de Dieu fait Homme. « Quand à Marie, elle conservait tout cela dans sa mémoire, elle

---

[49] *Homélie du 18 juin 1994.*
[50] *Homélie de Noël 1997.*
[51] Ibidem.
[52] Homélie de l'Assomption, 15 août 1992.
[53] Ordinations diaconales et presbytérales, 19 juin 1993.

réfléchissait en son cœur » (Lc 1, 19 ; cf Jn 1, 14).[54] Le cœur est aussi dans la Bible le lieu où la parole de Dieu écoutée se moule en obéissance. « Marie, modèle de l'écoute de la Parole, abîmée dans un effort intérieur de réflexion et d'assimilation assidues et progressives de ces événements dont elle fut l'unique témoin ».[55]

Marie a d'abord conçu le Christ dans son cœur en faisant de ce cœur le lieu de garde et de méditation de la Parole de Dieu. C'est cette Parole de Dieu qui prendra chair en elle. Luc signale par trois fois qu'elle gardait dans son cœur ses événements (Lc 1, 47 ; 2, 19 ; 2, 51). « Au même moment qu'elle consentit de devenir la mère de Dieu, advint le prodige. L'Esprit Saint forme un petit corps du goûte du sang du cœur de Marie, l'organise de manière parfaite. Dieu créa l'âme la plus parfaite qu'il n'a jamais créée ».[56]

Le vieux Syméon entrevoit le drame qui s'opèrera dans le cœur de Marie avec le rejet de son Fils par les siens. « Quant à toi femme, une épée te transpercera le cœur. Les pensées de bien de gens seront ainsi dévoilées » (Lc 2, 35 ; cf Lc 12, 51 ; He 4, 12).[57] Ce drame a dû commencer avant la naissance de son Fils, quand son fiancé bien-aimé décida de rompre les fiançailles à cause de sa grossesse. Elle a certainement vécu la scène et le temps qui est passé avant que l'Ange ne rassure Joseph, la mort dans l'âme, versant des larmes. Son cœur a vécu la contradiction de la joie de la visite des mages venus du lointain orient voir son Fils offrant de plus beaux cadeaux de leur coffret et aussitôt l'angoisse de l'injonction de l'ange exigeant de partir en Egypte inconnu avec le strict minimum : « Lève-toi, prends l'enfant et sa mère, fuis en Egypte » (Mt 2, 13). Marie accepte la précarité pour sauver l'enfant qu'Hérode recherche pour le faire mourir. Ils partent de nuit… (Mt 2, 14-15). Que le cœur de Marie devrait s'attrister en apprenant qu'à cause de son enfant, les enfants innocents de Bethléem aient été massacrés. Elle ressent dans son cœur les menaces qui ont pesé sur son enfant qu'elle tient dans les bras. La scène la plus tragique qu'a vécue Marie est sans nul doute cette heure où son Fils était fixé sur la croix.

Toutefois, le cœur de Marie est un cœur solidement encré en Dieu et c'est ainsi qu'elle déclare : « Mon cœur est rempli de joie à cause de Dieu, mon Sauveur » (Lc 1, 47). La femme du milieu de la foule qui exalte la dignité unique des entrailles qui ont porté le Christ et les seins qu'il a sucés signifie la correspondance généreuse et méritoire de Marie à la grâce (cf Lc 11, 27-29). Cette collaboration de Marie à la grâce est le débordement de son cœur pur qui vit les béatitudes. Le paradoxe lancé

---

[54] *Ibidem.*
[55] Messe de minuit, 25 décembre 1993.
[56] *Spiritualità Monfortana*, centre international monfortano, Roma 2009, p. 18.
[57] Homélie des ordinations presbytérales et diaconales, 19 juin 1993.

par Jésus en riposte à l'exclamation de la femme est apparente : « Heureux plutôt ceux qui écoutent la Parole de Dieu et l'observent » (Lc 11, 29). Elisabeth avait déjà déclarée Marie, celle qui a cru à l'accomplissement de la parole de Dieu. (Lc 1, 45). Jésus en une autre occasion où on lui fait dire que sa mère et ses frères le cherchent donnera la même réponse que sa parenté se fonde sur la fidélité à sa Parole : « Qui est ma mère et mes frères. A celui qui fait la volonté de mon Père qui est aux cieux, celui-là m'est un frère, une sœur, une mère » (Mt 12, 46-50).[58] Ceci rejoint la sixième béatitude de Saint Matthieu : « Heureux les cœurs purs, ils verront Dieu » (Mt 5, 8). « Cette béatitude exalte la liberté intérieure qui rend la personne capable, disponible et en mesure d'accueillir le Royaume de Dieu, c'est-à-dire, le don de Dieu, la joie d'être fils du Père. La joie de se savoir aimé du Père (Mt 3, 16-17)… ».[59] C'est le Magnificat de la Vierge Marie : « Mon cœur est rempli de joie à cause de Dieu, mon Sauveur » (Lc 1, 47). Le cœur de Marie est plein « d'exigence et de valeur évangéliques, la sincérité, l'intégrité morale, la droiture, la rectitude de l'intention dans la relation de la personne humaine avec Dieu – « qui voit dans le secret » (Mt 6, 16-18)- et avec ses frères les hommes »[60]

« Si la Vierge Marie a engendré physiquement Jésus, les Pères de l'Eglise, à la suite des annotations de Saint Luc, insistent sur les dispositions spirituelles d'accueil, de docilité envers la Parole de son Fils (Lc 2, 19, 51) ».[61]

L'Assomption de la Vierge Marie

L'Assomption est la fête de l'entrée de Marie, Mère de Jésus et Mère des hommes dans la gloire du ciel. Mgr Zoa marque la différence entre l'Ascension de Jésus et l'Assomption de la Vierge Marie.

Ascension vient du verbe latin « ASCENDERE » qui signifie monter. « Etant Dieu, « le Christ est monté » de sa propre force, avec son corps glorifié. Tandis que la Vierge, pure créature, a « été enlevé au ciel avec son corps » par la puissance de Dieu ; Assomption vient du participe passé du verbe « ASSUMERE », prendre, enlever, Assumptus…[62]

Les Eglises d'Orient maintiennent le terme primitif « dormition » qui était

---

[58] Homélie de Noël 1968, in Mgr Jean Zoa, *Consignes pastorales*, 7.
[59] *Ibidem.*
[60] *Ibidem.*
[61] *Ibidem.*
[62] Homélie de l'Assomption, 15 août 1992.

courant pour désigner l'Assomption. Les deux termes, Assomption et dormition veulent indiquer le passage immédiat, corps et âme de Marie dans la gloire céleste, au moment de sa mort sans attendre la résurrection générale, à la fin des temps. Cette vérité a été définie comme dogme, c'est-à-dire, vérité de foi qui s'impose à tout catholique, le 1er novembre 1950 par Pie XII.[63]

Message de l'Assomption

L'Assomption corporelle dans la gloire nous fait contempler Marie en sa qualité de signe d'espérance chrétienne. Le chrétien attend la résurrection et la transformation de son corps annoncées et promises par Jésus... La résurrection de Marie, pure créature et notre sœur inaugure la résurrection glorieuse dans la « sphère » humaine. Cette espérance est offerte à l'homme et à la femme, à l'être humain dans sa totalité.[64]

L'Assomption nous dit que cette chair soumise à des vicissitudes, alourdies par tant de pesanteurs, traversée de par tant de besoins, d'épreuves, de maladies, cette chair est promise à la transfiguration. Si Jésus-Christ est ressuscité des morts et le principe de cette espérance, Marie « élevée au ciel » illustre et « concrétise » cette espérance qui se réalisera pour chacun de nous... Notre Dieu n'est pas le Dieu des morts, mais le Dieu des vivants. Il nourrit pour chacun de nous le projet d'amener à sa perfection l'intégralité de notre être humain : corps et âme ! (Mt 22, 32 ; Mc 12, 27 ; Lc 20, 38).[65]

Si notre corps est fait pour la gloire et la perfection, l'Assomption nous invite à mettre notre corps au service de la perfection et à renouveler notre regard sur le corps, l'existence, les réalités et les activités terrestres de l'homme.

L'unité et l'interprétation de l'âme et du corps permettent à l'homme de manifester son intelligence et sa volonté dans les actes concrets ; d'intégrer ses besoins corporels dans l'ensemble de sa personne et de son projet spirituel, de s'exprimer à travers le sport, le jeu, les arts, le soin du corps. Ainsi, ... l'Assomption donne une dimension hautement spirituelle à la lutte contre la maladie ; à la promotion de la santé, de l'hygiène, des soins de santé primaires ; à l'action anti-sida ; à l'action familiale ; à l'éducation à la vie et

---

[63] Cf *Ibidem.*
[64] *Ibidem*
[65] *Ibidem.*

à l'amour qui restituent la sexualité humaine dans sa dignité sublime.[66]

« Le dogme de l'Assomption condamne le DUALISME qui considère la matière comme principe du mal – face à Dieu – et la terre comme prison pour l'homme. Non ! Jésus est venu réhabiliter la terre, « espace vital et support de l'existence humaine » »[67] L'Assomption condamne aussi le mépris du monde, don de Dieu et la dépréciation de ce qui est matériel. Certes, l'évangile met en garde, avec insistance contre les dangers des richesses, parce qu'elles deviennent idoles ou Mammons (Mt 6, 19-21, 24 ; Mc 10, 23-25), ou une fin en soi ou le but ultime de l'existence. Dans le plan de Dieu, les biens terrestres doivent rester ordonnés à la véritable finalité de l'homme et du monde qui est le Royaume de Dieu.[68]

A l'école de Marie

Marie est une figure qui a fait école dans l'Eglise et dans les familles. « Des fondateurs et fondatrices [d'ordre religieux] ont voulu faire de la référence […] à Marie, le levier, l'aliment et le modèle de leur spiritualité et de leur engagement apostolique et religieux ».[69] Qu'enseigne concrètement Marie à son école selon Mgr Zoa ?

Elle enseigne l'intériorité évangélique, l'intimité avec Dieu au service des frères et sœurs, la pureté intérieure qui permet de découvrir Dieu et de se mettre à son service dans cette vie d'ici-bas. A son école, Marie veut « entraîner à devenir chaque jour davantage, comme Moïse au désert, [à travers] les incertitudes et les agressions, des accompagnateurs indéfectibles de nos jeunes dans nos familles, de nos quartiers et de nos villages en désarroi ».[70]

Marie apprend aussi à désencombrer « nos cœurs en les purifiant, en les libérant des repliements sur nous-mêmes, sur ce qui n'est pas Dieu : nos aises, nos intérêts égoïstes, notre paresse et nos laisser-aller… ».[71]

---

[66] *Ibidem.*

[67] *Ibidem.*

[68] *Ibidem.*

[69] Homélie d'ordinations diaconales et presbytérales, 19 juin 1993.

[70] *Ibidem.*

[71] *Ibidem.*

Théologie du laïcat

Vatican II définit les fidèles laïcs comme

l'ensemble des chrétiens qui ne font pas parti de l'ordre sacré et de l'état religieux reconnu par l'Eglise. C'est-à-dire, des chrétiens qui, étant incorporé au corps du Christ par le baptême, intégré au peuple de Dieu, fait participants à leur manière de la fonction sacerdotale, prophétique et royale du Christ, exerçant pour leur part, dans l'Eglise et dans le monde, la mission qui est celle de tout le peuple chrétien (*LG* 31).[72]

Tout baptisé est donc un apôtre, un missionnaire, c'est-à-dire, un envoyé du Christ. Mgr Zoa s'accorde avec le décret conciliaire *Ad Gentes* que « l'Eglise n'est pas fondée vraiment… si un laïcat authentique n'existe et ne travaille pas avec la hiérarchie. L'évangile ne peut s'enfoncer profondément dans les esprits, dans la vie, dans le travail d'un peuple, sans la présence active des laïcs ».[73]

Fonctions des laïcs

Mgr Jean Zoa assigne quatre fonctions au laïcat.[74]

- Fonction contemplative

Le laïc doit être contemplatif dans le sens qu'il médite la présence du Christ, mort et ressuscité, la parole révélée dans le Christ et écoutée dans l'Eglise. Il sanctifie par la prière, la réception des sacrements, l'examen de la conscience et par les grâces.

- Apôtre et responsable de communauté

Un laïc a conscience du sacerdoce commun dont le baptême l'a investi et l'a mandaté. Il ne doit plus attendre un culte de l'imposition de main pour sa participation à la fonction sacerdotale, prophétique et royale du Christ.

- Missionnaire soucieux d'annoncer le Christ

Le laïc a le devoir d'annoncer le Christ à ceux qui ne le connaissent pas encore. Il doit continuer à dilater les frontières visibles du corps du Christ qu'est l'Eglise, au

---

[72] *Lumen Gentium* n°31.
[73] *Ad Gentes* n°21.
[74] Cf Mgr Jean Zoa, « La mission du laïc africain à la lumière de Vatican II », in *Rencontre panafricano-malgache des laïcs Accra (Ghana)*, 11-18 août 1971, 35-39.

sein de sa famille, au lieu du service, à la réunion ou aux associations et le respect dû aux autres religions ne doit pas le pousser à oublier que Christ est l'unique sauveur.

- Bâtisseur d'histoire

Le laïc est le bâtisseur de la cité terrestre à la lumière de l'évangile.[75] La construction de la communauté socio-politique en Afrique est un signe de temps qui interpelle l'Eglise. Les chrétiens laïcs doivent y apporter leur concours avec les lumières de l'évangile pour encourager et féconder les idéaux qui vont dans le sens du respect et du progrès de l'homme et indiquer ceux qui ne peuvent conduire qu'à la déshumanisation.[76] Concrètement, leur rôle consiste à lutter contre l'ignorance à travers l'école et la formation des cadres pour le développement de l'Afrique, à former des mouvements et des associations, des conseils pastoraux qui visent la promotion de la maîtrise de l'univers par la connaissance du travail.

Moyens pour aider les laïcs à assumer leurs fonctions dans l'Eglise et le monde

Pour Mgr Zoa, « il est nécessaire si nous voulons que l'Eglise assume l'édification de cette Afrique, qu'on recherche que les chrétiens arrivent à une authentique notion de laïcat ».[77] Par conséquent, le premier moyen que l'église va mettre à la disposition des laïcs est la formation. L'archevêque regrette que l'Eglise n'a pas jusqu'ici déployé assez d'énergie pour former les laïcs à la vie de la cité, au sens chrétien de la politique et de l'économie. En effet, « pour qui croit en Dieu de l'alliance, l'histoire des hommes et de chaque homme, leur conduite, leurs comportements sociaux, économiques et politiques ont un sens aux yeux de Dieu ».[78]

Mgr Zoa pense qu'en Afrique, le laïc chrétien peut beaucoup apporter à la construction d'un Etat de droit. Engagé dans la lutte démocratique, il est le porte-flambeau de l'évangile pour l'éclairage et la défense de droits humains.[79]

Les autres moyens aptes à aider les laïcs dans la construction de la communauté politique outre la formation, sont : la compétence, la fidélité aux

---

[75] Philippe Azeufack, *Mgr Jean Zoa, Archevêque de Yaoundé, Pasteur et Père des jeunes*, p. 80.

[76] Cf *Ibidem*, p. 37.

[77] Jean Zoa, « Problème d'Eglise dans un pays en voie de développement », in *DC* 1403 (7 juillet 1963), 874.

[78] Homélie de la messe d'ordination des Père Thaddée Mbock et Janvier Gasore, Mfoundi a Si, 2 juillet 1994.

[79] *Ibidem*.

exigences évangéliques, l'harmonie de la foi et de la vie temporelle, une culture religieuse équilibrée, la persévérance et l'imagination. Les pasteurs doivent veiller à mettre leur compétence en œuvre pour former le laïcat.

C'est un véritable réajustement spirituel, intérieur, qui doit se traduire dans leur attitude extérieure et dans leur effort d'éducation du laïcat. Il est nécessaire, si nous voulons que l'Eglise chrétienne assume l'édification de cette Afrique que l'on recherche, que les chrétiens arrivent à une notion authentique du laïcat : c'est-à-dire des chrétiens qui sont engagés dans l'édification du monde et qui à travers cet engagement s'acheminent vers le ciel.[80]

Théologie du sacerdoce

Père du Vatican II, Mgr Zoa défend le sacerdoce commun du peuple de Dieu et les charismes dans l'Eglise. « Le peuple de Dieu tout entier participe du sacerdoce du Christ. Mais le Seigneur confie à certains membres de ce peuple, la charge de le sanctifier, de le conduire et de l'enseigner au nom du Christ ».[81] Prêtres et laïcs, n'ont pas la même vocation, mais ils sont appelés à travailler en symbiose ou dans la complémentarité pour le bon fonctionnement de l'Eglise.

Le prêtre est un rassembleur et un accompagnateur

Le prêtre est un rassembleur à l'écoute de la parole de Dieu, un guide comme Moïse, à l'écoute de Dieu et au service de l'homme, de tout le peuple jusque dans ses soucis les plus ordinaires. Conscients de ses limites, il sait partager les responsabilités avec des collaborateurs éprouvés, connus, à qui il a pleinement confiance : « Je prélèverai de l'esprit que j'ai mis en toi pour mettre en eux, ils porteront avec toi le fardeau du peuple et tu ne seras pas seul », dit Dieu à Moïse avant le choix des 70 anciens, ses collaborateurs (Nb 11, 16-17).

J'attends de mes prêtres qu'ils s'alignent avec moi pour que nous fassions une équipe soudée, solidaire, pour que nous puissions nous engager dans la

---

[80] Jean Zoa, « Problème d'Eglise dans un pays en voie de développement », in *DC* 1403 (7 juillet 1963), 874.

[81] Homélie des ordinations presbytérales et diaconale, 16 juin 1990

formation et surtout l'accompagnement de nos laïcs qui nous attendent, nous aiment, malgré toutes les petites difficultés que nous pouvons rencontrer.[82]

Le prêtre est au milieu du peuple comme serviteur (Lc 22, 27). L'archevêque cite à cet effet le théologien Jésuite Gustave Martelet :

L'autorité n'est dans l'Eglise qu'un service de la tête en croissance authentique du corps. L'étymologie du mot est significative. « Autorité » vient du latin « augere », croître ou accroître. L'autorité se rapporte donc à cette dépendance qu'une œuvre garde envers celui qui l'a fait apparaître et grandir jusqu'à la maturité.[83]

L'ordre de Saint Pierre, « paissez le troupeau qui vous est confié » (1P 5, 2) montre l'association du prêtre à l'œuvre apostolique des douze, autrement dit, au ministère des évêques tout comme les soixante douze disciples que le Seigneur envoya en mission avec ses apôtres. L'Eglise-communion requiert la participation de tous : évêques, prêtres, religieux et religieuses, laïcs, groupes, communauté...[84] et la disponibilité inconditionnelle à tous : grands et petits, riches et pauvres, savants et ignorants, tenants du pouvoir et opposants...[85]

Les exigences de la pastorale du prêtre

L'efficacité de la pastorale sacerdotale demande que les prêtres travaillent dans un esprit communautaire, la communauté étant le lieu où l'on apprend à porter et à supporter, à aimer et à pardonner.[86]En effet, le succès de la mission dépend du témoignage d'amour et le Seigneur dit dans l'évangile de Saint Jean, c'est à cet amour les uns pour les autres que le monde saura que vous êtes mes « disciples ». Il envoie d'ailleurs les soixante douze disciples deux à deux. Leur bouclier est l'entière confiance en Dieu et pour cela, ils doivent être libres des biens matériels ayant en conscience seulement la prédication évangélique sans s'attarder à des questions, purement humains, futiles, protocolaires.

« Dans un monde hostile, le prêtre doit se refugier dans l'esprit évangélique pour affronter l'indifférence des hommes et préserver le témoignage de tous :

---

[82] Homélie des ordinations presbytérales et diaconale, 18 juin 1994.
[83] G. Martelet, *Les idées maîtresses du Concile Vatican II*, p. 259 cité par Mgr Jean Zoa, Homélie d'ordination presbytérale et diaconale, 16 juin 1990.
[84] Homélie des ordinations presbytérales et diaconale, 16 juin 1990.
[85] *Ibidem.*
[86] Homélie des ordinations presbytérales et diaconale, 18 juin 1994.

croyants et non-croyants ».[87]

La prière est nécessaire pour le succès de l'activité apostolique, car la croissance et la fécondité ne peuvent venir que du Seigneur. Le prêtre doit être fidèle au combat spirituel et à la vie d'oraison enseignée par les pères spirituels et le Christ en premier lieu. Sans la prière, la blessure du péché originel va s'attiser et affadir le zèle apostolique.

> *Nous portons en nous la blessure du péché originel, qui nous porte vers le fruit défendu. Nous portons en nous l'égoïsme que nous devons demander à l'Esprit Saint de savoir traquer tous les jours et à tout instant. Nous portons en nous la paresse qui éteint en nous le zèle apostolique et crée la tiédeur.*[88]

Il n'y a que le combat spirituel qui peut nous aider à maintenir l'amour et à le faire grandir en nous. Plus on se donne à l'apostolat plus on sent l'amour grandir en nos cœurs, cet amour qui veut embraser tous les hommes, les femmes et les enfants du monde, surtout les délaissés, les faibles, les plus exposés.

Les prêtres sont appelés à reproduire en eux avec le Christ, la parfaite filiation qui lie au Père dont l'amour tout puissant et créateur est fidèle, patient, miséricordieux et source gratuite de plénitude. Ils sont aussi invités à répandre toute l'œuvre du Christ dans les communautés paroissiales qui ne doivent connaître acception de personne, la paroisse étant le lieu concret de la mission universelle de l'Eglise. La fraternité universelle vécue entre prêtres et avec les fidèles est le secret de la réussite de cette mission universelle. Pour parvenir chaque prêtre doit se savoir aimé et supporté des autres. Autrement dit, si les autres ne lui font pas des éclats de voix, ce n'est pas parce qu'il est saint. Cette conscience va l'interpeller à la charité pastorale, à la sollicitude, à la tendresse pour les autres.[89]

Prêtre, homme pour tous, au-delà des appartenances

La mission du prêtre a pour but de préparer nos communautés humaines, locales, nationales et internationales pour la grande rencontre finale avec le Christ : la parousie, car il viendra juger les vivants et les morts. Le nouveau commandement qui sera barème du jugement final, « tu aimeras ton prochain comme toi-même » a valu au docteur de la loi de demander au Christ « et qui est mon prochain ? ». En bon

---

[87] Homélie des ordinations presbytérales et diaconale, 18 juin 1994.
[88] *Ibidem.*
[89] Cf *Ibidem.*

pédagogue, le Maître par excellence invente une des belles paraboles de la Bible : le Bon Samaritain. Trois protagonistes interviennent dans la parabole : le prêtre, le lévite et ce Bon Samaritain. Voilà que c'est l'homme catalogué comme païen qui s'est montré le prochain de la victime des bandits tombés au bord du chemin et le Christ de dire au docteur de la loi : « va et fais de même ». Faire de même, ce n'est pas demander la carte d'identité, la carte de parti ou l'appartenance tribale d'un frère ou d'une sœur en danger avant de voler à son secours. C'est voir tout le monde comme un fils ou une fille de Dieu, un frère ou une sœur du Christ.

Paternité spirituelle du prêtre

Le dévouement pastoral est la condition de la crédibilité du ministère au sein de l'Eglise. Si le prêtre fait acception des personnes son dévouement devient suspect en tant que contenant un élément d'exclusion. Le prêtre doit promouvoir la famille de Dieu, l'Eglise-famille selon le synode africain d'avril 1994, au moyen de la sollicitude, de la concertation, de l'union à promouvoir, ainsi que du service mutuel. « Nous sommes une famille dont le Père céleste reste le Père de tous. Jésus, le Frère aîné et dévoué et l'Esprit Saint, le souffle familial qui anime pour que nous reproduisions les habitudes du « Père » ».[90]Le prêtre appelé TARA, père doit chercher à avoir comme le Seigneur, le cœur du Bon Samaritain. Il s'agit de développer l'attention aux tout-petits surtout aux victimes et aux miséreux, aux abandonnés, les laissés-pour-compte. Au Synode Africain de 1994, Mgr Zoa posait la question :

Le synode donnera-t-il au « prêtre » et au « lévite » africains, guettés par l'enfermement CULTUREL et CULTUEL d'«arriver près de l'homme » de le voir, de ne pas passer à bonne distance, d'être pris de pitié, de s'approcher, de bander les plaies en y versant l'huile et le vin, de le prendre et de la charger sur sa monture d'espoir, de le conduire à une AUBERGE, et de prendre soin de lui ?[91]

---

[90] *Ibidem*

[91] Mgr Jean Zoa, « Intervention au Synode Africain à Rome », in *Une approche globale pour préparer des outils et élaborer une pédagogie catéchétique*, 9 (polycopie).

L'éthique chrétienne selon Mgr Jean Zoa

Problématique de l'éthique chrétienne

Après la blessure causée à l'humanité par le péché de nos premiers parents, l'homme porte en lui-même comme un affrontement, un antagonisme et une contradiction intimes. Saint Paul reconnaît humblement cette situation de « l'homme charnel vendu comme esclave au péché (Rm 7, 14) : « Effectivement, je ne comprends rien à ce que je fais ; ce que je veux, je ne le fais pas ; mais ce que je hais, je le fais » (Rm 7, 15). Nous sommes ici au cœur de la liberté des enfants de Dieu.[92]

Mgr Zoa situe ainsi l'éthique chrétienne dans le problème de la liberté des enfants de Dieu ou mieux, dans la notion de la liberté chrétienne. Il s'agit concrètement de savoir comment l'homme peut se conduire pour sortir de la dépendance du péché, autrement dit, pour se libérer de la contradiction entre le devoir et l'agir. C'est aussi là que se pose aussi le problème du Salut chrétien, car l'apôtre Paul enchaîne à la suite de la prise de conscience de cette contrariété en l'homme :

Si je fais ce que je ne voudrais pas, alors ce n'est plus moi qui accomplis tout cela, c'est le péché, lui qui habite en moi. Moi qui voudrais faire le bien, je constate donc en moi cette loi : ce qui est à ma portée, c'est le mal. Au plus profond de moi-même, je prends plaisir à la loi de Dieu. Mais, dans tout mon corps, je découvre une autre loi, qui combat contre la loi que suit ma raison et me rend prisonnier de la loi du péché qui est dans mon corps. Quel homme malheureux je suis ! Qui me délivrera de ce corps qui appartient à la mort ? Et pourtant, il faut rendre grâce à Dieu par Jésus Christ notre Seigneur. Ainsi, moi, je suis à la fois, par ma raison, serviteur de la loi de Dieu, et, par ma nature charnelle, serviteur de la loi du péché. (Rm 7, 20-25)

Les fondements éthiques

L'éthique recherche les normes pour rendre l'homme capable d'agir en homme libéré de cette contrarié décrite par l'apôtre Paul. Mgr Zoa trouve quatre fondements

---

[92] Homélie de la Pentecôte, 18 mai 1997.

pour l'éthique chrétienne, à savoir, la raison naturelle, les interdits, les coutumes et les traditions ancestrales, la révélation imparfaite de loi du Sinaï et enfin, la grâce apportée par le Christ et son évangile.[93]

La raison naturelle

Dieu a créé l'homme en lui octroyant une conscience grâce à laquelle il peut connaître le bien et la mal. Certains l'appellent la lumière naturelle et saint Paul, l'intelligence qui peut illuminer le cœur de l'homme s'il médite sur les œuvres, la puissance éternelle de Dieu et sa divinité (cf Rm 1, 20-21). Mgr Zoa accorde toujours une place importante à la raison et défend qu'elle doit fonctionner en symbiose avec la foi. La raison éclaire sur les modes d'agir. En s'entraînant à la pédagogie des mouvements d'Action Catholique Voir – Juger – Agir, l'homme peut échapper à la contrariété.[94] Toutefois, la raison à elle seule ne suffit pas à rendre l'homme vertueux ou capable d'échapper à l'antagonisme entre le devoir qu'on connaît et l'agir constate saint Paul : L'impie, « connaissant bien pourtant le verdict de Dieu par la raison qui déclare digne de mort les auteurs de pareilles actions non seulement ils le font, mais ils approuvent encore ceux qui les commettent » (Rm 1, 32). En d'autres termes, la raison naturelle n'est pas exempte des défaillances puisqu'il y a des raisonnements non vertueux.

Les interdits, les traditions et les coutumes ancestrales

« Les baptisés doivent respecter les normes morales communément acceptées par le milieu social »,[95] entre autres, les devoirs particuliers des divers états de vie : les vieillards, les femmes âgées dont le soin principal doit être de former les jeunes épouses, les jeunes hommes, les réalités sociales incontournables. « Dans ces états et situations, les chrétiens doivent se soucier de « faire honneur en tout à la doctrine de Dieu notre Sauveur » (Tt 2, 10). Les chrétiens de tout âge et de toute condition doivent (…) montrer avec leurs actions les plus ordinaires de la vie qu'ils vivent pour Dieu. En d'autres termes, le chrétien doit être un bon citoyen qui respecte les normes de sa société, non dans le sens que la tradition le commande, mais quand elles sont conformes au bon sens et à l'évangile. C'est l'évangile qui prime et non les cultures.

---

[93] Cf Homélie de Noël, 25 décembre 1997.

[94] Cf Nicolas Ossama, *Monseigneur Jean Zoa. Christianisme africain et destin de l'Afrique*, p. 161.

[95] Homélie de Noël, 25 décembre 1997.

La loi révélée par Dieu sur le Sinaï

Le décalogue donné à Moïse au Sinaï a inspiré des codifications des normes pour le peuple d'Israël que nous trouvons dans l'Exode, le Lévitique, les Nombres, le Deutéronome qui font partis du Pentateuque ayant pour désignation les livres de la Loi ou la Loi tout court. Le peuple d'Israël avait fait au long des siècles de l'observance de la loi, son régime de salut. Mais il n'était pas question bien entendu que de la loi donnée par Dieu, mais surtout de l'ensemble des coutumes, des pratiques religieuses propres aux juifs à partir de la captivité à Babylone.[96] « L'ancien Israël s'enorgueillissait de posséder la Loi et il était le zélateur (partisan ardent), Saul, le premier ». Israël « reçoit les observances légales qui les séparent et les distinguent des autres nations et aussi les préceptes moraux qui l'approchent de Dieu et par delà la voie de la conscience, présente dans tous les hommes ».[97]

> *Le régime de la loi de Moïse séparait les juifs de qui devrait naître le Messie des païens... L'erreur des judaïsants apparaît en pleine lumière, puisque leur attitude est celle de « l'homme charnel »... L'homme est incapable de se libérer lui-même de son être charnel... seule l'intervention de l'Esprit permet à l'homme d'accomplir sa vocation véritable.*[98]

Le régime de la loi était transitoire ou pédagogique, c'est-à-dire conduisant au régime de la foi en Jésus.

Le régime de la foi en Jésus ou de la grâce

Le régime éthique du Christ est le régime de la grâce. « La grâce s'est manifestée pour le salut de tous les hommes » (Tt 2, 11). Cette grâce, nous l'obtenons par la foi. Le régime de la loi, avons-nous dit, était provisoire et le régime de la foi est définitif. « La foi fait passer de l'asservissement de l'esclavage au service... Loin de diminuer la liberté, la foi ouvre un champ nouveau à l'amour du prochain »,[99] et non au mépris par la revendication des privilèges. « La foi n'est pas une spéculation abstraite mais une participation avec Dieu à la victoire sur le mal... Le chrétien sur cette terre est pris dans un tourbillon d'oppositions qui l'accule continuellement aux

---

[96] Cf Homélie de la Pentecôte 1998.
[97] Homélie de la Toussaint, 6 novembre 1994.
[98] *Ibidem*
[99] *Ibidem*.

choix. Ce sont des situations qui constituent des tentations »,[100] que la foi et la fidélité au Christ donnent la grâce d'en combattre, laquelle la loi de Moïse ne possédait pas. « Jésus nous arrache aux pierres, en nous retirant de la dure et stérile parenté et en créant en nous une foi semblable à celle d'Abraham. Et Paul en témoigne, lorsqu'il dit que nous sommes selon la ressemblance de la foi et la promesse de l'héritage ».[101]

« Jésus nous trace les grandes lignes du comportement pour la vie privée et sociale de chaque jour »[102] Par conséquent,

> *notre génération doit s'efforcer de passer d'une foi purement cultuelle et rituelle à une foi engagée et agissante. Celle dont l'ambition est d'imprégner nos mentalités, nos attitudes et nos comportements collectifs et individuels à la lumière de l'évangile. L'Action Catholique dans la diversité des mouvements, l'Action sociale sous toutes ses formes ainsi que les confréries s'imposent où ils sont admises dans la mesure où elles constituent des foyers d'entraînement concret et de pratique à cette foi active et appliquée. N'est-ce pas le sens de cette injonction du Christ : « Vous leur apprendrez à observer ce que je vous ai prescrit » (Mt 28, 20).[103]*

C'est par la grâce que nous donne la foi que nous sommes vraiment capables d'actes vertueux. « Sans moi vous ne pouvez rien faire » (Jn 23, 15). Elle nous est donnée par le don que le Christ lui-même a fait pour nous en s'offrant en rançon. Cette rançon c'est son sang versé et sa vie donnée pour nous racheter de toutes nos fautes, nous purifier et faire de nous son peuple.[104]

> *Il fallait une intervention divine pour arracher l'humanité au désastre, pour la redresser et la faire participer à la justice divine. Cette intervention s'est produite, la grâce de Dieu (la bienveillance de Dieu) s'est manifestée. « Charis » : la faveur divine, la bonté, la miséricorde, qui veut triompher des aberrations de sa créature et, pour cela, répandre sur elle le flot de ses libéralités. Cette grâce de Dieu apparaît résumer et personnifier dans son Fils incarné. « En lui, il nous a tout donné, nous dit Saint Irénée.[105]*

---

[100] Homélie de Noël, 25 décembre 1968, in *Consignes Pastorales*,
[101] Saint Irénée de Lyon, *Adversus Haerese*, n° 7, 2.
[102] Homélie de Noël, 25 décembre 1997.
[103] Homélie de Noël, 25 décembre 1968.
[104] Cf Homélie de Noël, 25 décembre 1997.
[105] *Ibidem*

Deux canaux de la foi et de la grâce : la prédication et la prière

La prédication nous instruit du message du salut que le Christ nous a porté et que les apôtres sont des hérauts. Ce message nous enseigne le nom de Jésus. « Il n'y a de salut que dans le nom du Christ. Quiconque l'invoquera, sera sauvé. Mais comment l'invoquer sans le connaître et sans croire en lui? Et comment le connaître s'il n'est pas annoncé et prêché ? (Rm 10, 13. 14. 17). »[106]

La prière est une autre source de la foi et de la grâce. L'évêque invite les pasteurs, les fidèles, les groupes, les mouvements à initier leurs membres à la prière orale et à la prière méditative, comme le Seigneur et Jean-Baptiste apprirent à leurs disciples à prier : « Seigneur apprends-nous à prier comme Jean Baptiste l'a appris à ses disciples» (Lc 11, 1).

La grâce et la foi ont des effets sur la vie interne et externe du chrétien. La grâce

ne s'arrête pas à l'extérieur à la façon d'un pédagogue humain donc l'action s'arrête à la porte de l'âme. Elle pénètre toutes les issues… Elle recrée en nous l'être moral ; elle élève à la vie surnaturelle et divine ; elle nous tire de notre impuissance congénitale et nous guérit de nos irrémédiables faiblesses. Ainsi équipés, remodelés et rénovés nous pouvons aborder le programme de la vraie vie, celle que nous proposent les grands maîtres spirituels.[107]

La grâce et le combat spirituel

On connaît la formule de Saint Augustin à ce sujet : « Dieu qui t'a crée sans toi ne te sauvera pas sans toi ». Ce qui a donné l'adage, aide-toi et le ciel t'aidera. « Il est évident que le baptisé ne saurait exclure et rejeter l'ascèse. Ne doit-il pas participer à la croix du Christ ? Il doit même se renouveler complètement et totalement ».[108]

La grâce ne va pas sans le confort spirituel. Elle ne supprime pas le libre effort de l'homme. Elle n'apporte pas le salut passivement à l'homme. « L'homme est sauvé par Jésus-Christ, mais il va se sauver lui-même en acceptant et en

---

mettant en œuvre tous les moyens de salut en y travaillant à plein. Sauvé en espérance, il le devient en réalité à la condition inéluctable de lutter contre les puissances adverses jusqu'au bout et sur tous les champs de batailles au-dedans de lui, en lui et au dehors de lui. L'affirmation de la divine Ecriture restera toujours vraie. La vie de l'homme sur la terre restera toujours un combat (Jb 7, 1). Au milieu de cette guerre sans trêve, le chrétien « attend sa bienheureuse espérance : la manifestation glorieuse de Notre grand Dieu et Sauveur Jésus-Christ », qui sera la consommation, l'achèvement de son propre bonheur.[109]

« Le combat spirituel, l'ascèse évangélique n'ont qu'un seul but : nous rendre attentifs à l'Esprit Saint qui a été répandu en nos cœurs ; dociles à ses inspirations, à l'exemple de notre Mère qui nous murmure : 'Tout ce qu'il vous dira, faites-le' (Jn 2, 5) ».[110] « Ceux qui sont nés de Dieu reçoivent participation par la foi et par le baptême, et qui doivent marquer, imprégner et caractériser leurs attitudes, leur comportement et leur agir ».[111]

Les piliers de l'éthique chez Mgr Jean Zoa

Ils sont à chercher dans la formule la plus citée qu'il énonça à l'homélie de Noël 1995. Nous regrettons de ne pas pouvoir nous-mêmes avoir accès à l'entièreté du texte de cette homélie. La formule en question allie la poésie à l'enchaînement logique.

Le bonheur du chrétien consiste à partager.
Or, pour partager, il faut avoir
Pour avoir, il faut produire
Pour produire, il faut travailler
Pour travailler, il faut s'organiser rationnellement et solidairement.

Toute éthique vise le bonheur ultime de l'homme. Celui du chrétien à en croire Mgr Zoa repose sur le partage, plus chrétiennement sur la charité. Cependant, la charité n'est pas la bienfaisance qui est un partage calculé, mais un partage responsable. D'où le second pilier à côté de la charité, la responsabilité. Elle consiste donc à agir, à produire, de manière organisée et rationnelle. L'organisation ne peut réussir que si l'on est solidaire, c'est-à-dire ouvert aux autres pour chercher avec eux

---

[109] *Ibidem*
[110] Homélie de l'ordination sacerdotale, 15 octobre 1994.
[111] Homélie de la Toussaint, 6 novembre 1994.

le bien commun ou communautaire. La solidarité est ainsi le troisième pilier.

La charité

Le bonheur chrétien est indiqué par le Christ dans les béatitudes et dans le discours sur le jugement dernier. C'est le Royaume des Cieux, dans lequel sont admis les saints, c'est-à-dire ceux là qui ont partagé ici-bas la condition des pauvres, des opprimés, des assoiffés de la justice, ceux qu'on insulte, qu'on dit toute sorte de mal à cause du Christ… (cf Mt 5, 1-12), mais il s'agit aussi de ceux qui ont rejoint le Christ pour alléger leur joug et les aider à porter leurs fardeaux (Mt 11, 28.30), pour leur annoncer la Bonne Nouvelle, pour libérer les opprimés, pour envoyer en liberté les captifs (Lc 4, 18-19). Ce sont les bénis de son Père qui l'ont vu affamé, assoiffé, malade, en prison, étranger et non seulement ils sont venus le voir, mais se sont mis à son service sans discrimination, sans distinction ou acception de personne. Pour cela le Christ les appelle, les bénis de son Père (Cf Mt 25, 34, 46).[112]

> *Les baptisés sont appelés à faire à Dieu hommage de leur sainteté par leur existence qui devient une oblation : une offrande vivante. D'où l'exhortation de Saint Paul : « Je vous exhorte, mes frères, par la tendresse de Dieu, à lui offrir votre personne et votre vie en sacrifice saint, capable de plaire à Dieu : c'est là pour vous l'adoration véritable » (Rm 12, 1).*[113]

Dépasser le culte extérieur, c'est faire comme le Bon Samaritain en se mettant au service de l'homme nécessiteux, lui qui défie les tabous cultuels et culturels, pour donner sans compter, dépenser sans attendre d'autre récompense (prière de Saint Ignace) sachant qu'il y a plus de joie à donner qu'à recevoir et que le bonheur consiste à partager ce que l'on a et ce que l'on est avec les autres.

La responsabilité

Le Père Ossama définie la responsabilité comme « l'engagement personnel et commun dans l'œuvre de la promotion du bien commun, c'est-à-dire, le développement pour tous ».[114] Quand au bibliste congolais Paulin Poucouta, la

---

[112] Homélies de la Toussaint, 6 novembre 1994 et 1996.
[113] Homélie de la Toussaint, 6 novembre 1994.
[114] Nicolas Ossama, *Monseigneur Jean Zoa. Christianisme africain et destin de l'Afrique*, p. 164

responsabilité se caractérise par l'engagement au quotidien de chacun et de tous pour transformer le monde et contribuer à l'avènement du royaume. Il s'agit de la conversion au Dieu de Jésus-Christ qui doit nous sortir des illusions pour affronter la rugosité de l'histoire, pour réinventer le quotidien,[115] nous « sortir de l'infantilisme spirituel pour accéder à la maturité humaine et chrétienne que le Christ et sa religion désirent promouvoir sous toutes les latitudes ».[116] « Il est demandé aux Camerounais, écrit l'Abbé Jean-Zoa, de devenir lucides et forts, capables d'assumer leurs responsabilités sociales et politiques en s'inspirant des principes du Christ ».[117] La responsabilité consiste chez lui à faire en sorte que les chrétiens surtout laïcs fassent de leur foi quelque chose d'existentielle, un lieu de rencontre personnelle avec le Christ, un passage de l'émotion à la prise de position réfléchie pour Jésus-Christ et son évangile. Il est question bien entendu, de jeter un pont entre foi et vie. La responsabilité se situe dans le processus de conversion, c'est-à-dire de transformation. Paulin Poucouta, commentant la mission de Jean-Baptiste en Luc 3, 6-14, situe la conversion comme une démarche à trois niveaux : le premier niveau consiste à mettre fin aux illusions, aux idéologies, aux mythes, aux fausses sécurités, à des fuites en avant et alibis, aux rêves oniriques. Le second niveau est l'engagement concret qui se traduit par la recherche de ce qu'on doit faire. Il s'agit d'« un véritable examen de conscience, une insatisfaction et une inquiétude spirituelle. [Une] forme de pauvreté qui attire en nous la grâce de Dieu et nous met sur le chemin de la conversion dans le sens évangélique ».[118] Que faut-il faire concrètement (pour transformer ou être transformé), demande la foule (Lc 3, 7), les pharisiens (Lc 3, 12) et les soldats (Lc 3, 14) à Jean ? Le troisième niveau est l'engagement proprement dit qui se résume en faire son devoir convenablement, de manière honnête et juste, sans nuire ni exploiter ni violenter autrui, se contenter de l'essentiel, de ce à quoi on a droit.[119]

« Au baptême, à la confirmation, le chrétien est investi par l'Esprit Saint de la Pentecôte, l'Esprit de conversion, l'Esprit du retournement total. C'est ce qui permet au baptisé d'aller et d'avancer à contre-courant ! de témoigner ! d'étonner ! d'être martyr ! ».[120]

---

[115] Cf Paulin Poucouta, « Pour une spiritualité de la responsabilité », in *Séance d'ouverture de l'année académique 1996-1997*, Ecole de théologie Saint Cyprien (Ngoya), Yaoundé 1996, 23

[116] Jean Zoa, « pour un humanisme chrétien », in Novo et Vetera, 1(1960), 14, cité par G. Di Salvatori, *Cahiers de réflexion*, 8, 84.

[117] Jean Zoa, *Novo et Vetera*, 1(juillet 1960), cité par Nicolas Ossama, *Monseigneur Jean Zoa. Christianisme africain et destin de l'Afrique*, p. 164.

[118] Mgr Jean Zoa, « La mission du laïc africain à la lumière de Vatican II », in *Rencontre panafricano-malgache des laïcs Accra (Ghana)*, 11-18 août 1971, 31.

[119] Cf Paulin Poucouta, « Pour une spiritualité de la responsabilité », 23-24.

[120] Homélies de la Toussaint, 6 novembre 1994.

Mgr Zoa situe l'irresponsabilité parmi les sources des maux dont souffre l'Afrique. On passe le temps à chercher des bouc-émissaires devant les problèmes de santé ou de décès, à envenimer des conflits au sein des familles avec l'aide des marabouts et charlatans dont certains se trouvent être des pasteurs qui « clochardisent » ; on court les fêtes et les deuils, ne travaillant pas et jalousant ceux qui ont quelque chose grâce à leur travail, on passe des nuits de prière laissant affamés maris et enfants... Julius Nyerere sur le même propos faisait le constat suivant :

Nous rendrions un très grand service à notre pays si nous allions dans les villages dire aux gens qu'ils possèdent en eux un trésor, et qu'ils peuvent s'en servir pour leur bénéfice propre et pour le bien de la nation tout entière. En effet, c'est la vérité que dans les villages, seules les femmes travaillent. Les hommes des campagnes et quelques femmes des villes passent la moitié de leur vie à ne rien faire. Or des millions d'hommes dans les villages et des milliers de femmes des villes, cette force qui à présent se gaspille dans les commérages et dans les boissons est un trésor immense qui pourrait contribuer au développement de notre pays, plus que tout ce que nous pouvons obtenir des pays riches. On voit ainsi l'importance d'un peuple pour le développement.[121]

En Afrique, le devoir d'éduquer à la responsabilité s'impose : Cela suppose que nous intégrions nos reflexes rationnels dans nos comportements, dès l'école maternelle par des entraînements à l'humanisation de nos existences, de nos villages, de nos villes, de nos quartiers.[122]

Par ailleurs, l'irresponsabilité entraîne à l'adoration des « faux dieux » qui peuvent être l'argent, le pouvoir, le plaisir, la tribu, la coutume, la condescendance, l'Etat, le parti, les idéologies... qu'on érige en valeur suprême à la place de Dieu.[123]La responsabilité exige d'aller parfois à contre-courant :

Le baptisé n'a pas droit de s'aligner sur les exemples ambiants d'autres hommes avec des slogans défaitistes comme ceux-ci : « On ne peut pas faire autrement puisque tout le monde le fait. Gare à nous ! Car nous touchons le fond de la démission et de la débâcle morale d'une société désespérées. Celle qui ne peut plus engendrer qu'une jeunesse sans idéal, sans espoir et sans ressort... parce que sans modèle.[124]

---

[121] Julius Nyerere, cité par Gilbert Mboubou, *Entraînement à la dissertation*, Composition des techniques informatiques (CTI/sa), Yaoundé 1990, p. 19.
[122] Homélie pour les sinistrés de Nsam, 22 février 1998.
[123] Homélie de Noël 1988, cité par Giuseppe Di Salvatori, *Cahiers de réflexion*, 8 (2008), 83.
[124] Homélie de la Toussaint, 6 novembre 1994.

D'où, l'impératifs, si nous voulons une transformation de notre nation de :

Renoncer à soi, à son égoïsme, lutter contre le mal et le péché qui a nom la haine, la violence, le mensonge, la calomnie, l'exploitation et le mépris du prochain, l'enrichissement par le vol, les détournements, la corruption, les pots-de-vin, la vengeance, la torture, l'adultère, l'homicide, l'avortement, le viol, l'assassinat.[125]

La solidarité

Mgr Zoa fustige d'abord ce qu'on appelle solidarité africaine qui n'est parfois qu'un iceberg, c'est-à-dire une montagne de glace qui laisse un sommet de bloc de neige émerger de l'eau qui la couve pour donner l'illusion que la place n'est couverte que d'eau et sécurisée. Toutefois, quand le batelier non-averti s'y aventure, il butte à des gros obstacles.

Au cours de l'année 88-89, j'ai consacré deux ou trois jours à chacune des paroisses de la Mefou. J'avais demandé aux jeunes (binanga), aux adultes et anciens du village (Benyabodo) comment ils appréciaient la vie au village. La réponse a été unanime : la malveillance, la jalousie, l'aben nnem, les accusations gratuites, les calomnies. Telle est la toile de fond de l'existence au village. « Un enfer » ! Les villages du Centre, province très « chrétienne » sont au bord de l'autodestruction. C'est le règne de la peur ! Celle-ci décourage ou étouffe toute initiative créatrice et novatrice. C'est le nivellement par le bas. C'est le règne du kong ou famla stérilisant ou paralysant. [126]

« Mû par l'Esprit du Seigneur et solidaire avec les autre hommes, le peuple de Dieu travaille à la parturition et à l'aménagement d'un monde conforme au dessein de Dieu ».[127]

Communauté de charité, ... [l'Eglise] doit assurer la proclamation de la Parole, la célébration de l'Eucharistie et l'accomplissement de cette Parole dans l'amour fraternel... Elle permet les rencontres de personnes, des échanges : réflexion en commun, révision de vie, autour d'un problème vrai, intéressant la vie des hommes en vue d'une Action.[128]

---

[125] Homélie de l'ascension, 29 mai 1992.
[126] *Homélie de Noël 1989.*
[127] Mgr Jean Zoa, « La mission du laïc africain à la lumière de Vatican II », in *Rencontre panafricano-malgache des laïcs Accra (Ghana)*, 11-18 août 1971, 34.
[128] Mgr Jean Zoa, *Consignes pastorales* 1969, 8-9.

La solidarité est la force du progrès. Elle se traduit par la contribution volontaire de chacun pour la cause de tous. On peut l'appeler collaboration, union, coopération… Dans la parole même solidarité, on a le radical qui est l'adjectif « solide » synonyme de fort. Un adage dit exactement que l'union fait la force. Ceci s'observe bien avec la nature. La masse d'eau qui mobilise les turbines résulte de la contribution de chaque goutte. Les termites font tomber de grands arbres et les abeilles produisent des seaux de miel, pourtant des bestioles apparemment sans capacité de se nourrir chacune d'elle-même. Encore combien plus de choses les hommes peuvent faire s'ils mettent leur force en commun pour la réaliser, plus est, les chrétiens ! « Quand deux ou trois se rassemblent en mon nom, je suis là au milieu d'eux » (Mt 18, 20). Autrement dit, le Seigneur lui-même est solidaire à nous chaque fois que nous unissons nos forces et l'invoquons pour une activité.

> *Les disciples de Jésus devraient, stimulés et soutenus par leur foi et au nom de leur foi, devenir, dans la société nationale, des promoteurs et des champions de grandes initiatives pour assurer l'avènement d'une société respectueuse de la dignité et de l'épanouissement de tous, surtout des plus petits et des plus déshérités.*[129]

La solidarité exige la participation de tous et la disponibilité inconditionnelle à tous : grands et petits, riches et pauvres, savants et ignorants, tenants du pouvoir et opposants…[130] Elle s'avère une arme pour combattre la pauvreté. La sortie du sous-développement et de la précarité exige « une lutte acharnée, communautaire et solidaire contre la misère et la pauvreté ».[131] L'archevêque interpelle pour cela les prêtres, les laïcs, les religieux et les religieuses : « apportons pour éclairer ensemble la lumière de l'évangile, notre vie concrète. Cherchons-y un nouveau style de vie commune et de collaboration fraternelle. C'est ainsi que nous rayonnerons le Christ ».[132]

En somme, nous avons dit que la problématique de l'éthique chrétienne se trouve chez Mgr Zoa entre le devoir qu'on connaît et l'action qu'on pose qui est parfois très distante d'elle. L'éthique est alors une lutte pour accorder le devoir et l'agir.

> *Ces oppositions constituent la dialectique conflictuelle que doivent affronter, les nations, les pays, les ethnies, les familles… les personnes, les consciences… C'est à travers elles que les saints ont passé victorieusement, avec la grâce de*

---

[129] *Ibidem*, 7.
[130] Homélie des ordinations presbytérales et diaconale, 16 juin 1990.
[131] Homélie pour les sinistrés de Nsam, 22 février 1998.
[132] Mgr Jean Zoa, *Consignes pastorales* 1969, 8-9

Dieu. Cette grâce de la foi et de la fidélité au Christ, de Bienveillance, de la générosité et du pardon à l'endroit de tous les frères, du service dévoué des frères dans notre famille, professionnelle, sociale et politique, les Saints nous invitent et nous entraînement à la demander dans la prière personnelle, dans les célébrations liturgiques, dans la participation aux récollections, aux retraites, aux rassemblements et réunions entrepris au nom de Jésus-Christ... Nés de Dieu, imitez votre Père

- Dieu est lumière, devenez lumière (1 Jn 1, 5-2, 28)

- Dieu est justice, devenez justice (1 Jn 2, 29-4, 6)

- Dieu est Amour, devenez Amour (1 Jn 4, 7-5, 12)...[133]

Cette lutte est couronnée par la vraie liberté, celle des fils de Dieu.

Libres, nous le serons si nous savons sauvegarder notre dignité, affronter la menace, refuser les facilités. Cette liberté-là, liberté intérieure, liberté de l'homme et liberté de la grâce de Dieu, c'est celle-là que le Christ apporte, c'est celle-là que l'Eglise veut promouvoir en formant des hommes fiers et courageux. [134]

---

[133] Homélie de la Toussaint, 6 novembre 1994.
[134] Messe des victimes du train de la mort, 25 février 1962.

AXE II :
SOUCI ET ELAN MISSIONNAIRE

Théologie de la mission

La mission est d'après Mgr Jean Zoa : « un effort intérieur de l'Eglise qui s'exprime dans le monde : l'Eglise destinée à toute l'humanité, doit continuer d'atteindre ceux qui ne l'ont pas encore connue et transmettre le message du Christ ». [135] La mission « procède de l'initiative gratuite de Dieu et se déploie sous l'action dynamique et transformatrice de l'Esprit »[136].

Jésus, missionnaire et mandataire de la mission

Au Jourdain, lors de son baptême, Jésus avait été consacré MESSIE (Mt 3, 16), c'est-à-dire : OINT par l'Esprit pour annoncer la bonne nouvelle aux pauvres : le message de SALUT, la libération des opprimés et pour proclamer la véritable année jubilaire (prescrite tous les 50 ans). Elle comportait la libération des esclaves, la restitution de tous les biens patrimoniaux.

« L'Esprit du Seigneur est sur moi ; car il m'a consacré d'une onction pour que j'annonce la bonne nouvelle aux pauvres. Il m'a envoyé proclamer aux prisonniers la délivrance et aux aveugles le retour à la vue. Il m'a envoyé libéré les opprimés » (Lc 4, 18 – Is 61, 1-2).

En somme, il s'agit du programme essentiel du Ministère de Jésus, Messie. Ce programme messianique devient la « magna charta », le document de référence de la communauté chrétienne dans son activité missionnaire à travers les siècles. Il est désormais la vérification de l'authenticité évangélique de toute initiative des baptisés, des communautés, des Eglises particulières...[137]

En effet, On accepte ce dont il témoigne parce qu'on fait crédit à sa personne : On lui fait confiance. Dans cette personne et par elle, nous recevons ce qu'elle seule est capable de nous faire connaître parce qu'elle est seule, elle a été témoin oculaire. Ainsi, la foi chrétienne nous instruit du mystère de Dieu par le seul témoin possible de Dieu, son Fils.[138]

De toute éternité Dieu aime les hommes : il nous dit efficacement cet amour

---

sauveur dans son Fils Jésus qui s'insère dans l'humanité par son incarnation, sa mort et sa résurrection. L'Eglise, prolongement de Jésus, se présente comme déploiement dans le temps et dans l'espace de cette volonté de salut de Dieu à l'égard de tous les hommes. L'activité missionnaire est donc une manifestation indispensable de cette vie de l'Eglise qui est catholique, destinée à tout le monde. [139]

La mission des baptisés : faire de l'Histoire une Histoire Sainte

« La foi pascale habilite les disciples (Eglise) à la MISSION : répandre, diffuser, proclamer l'œuvre du salut en Christ dans le monde entier. L'Eglise est appelée à s'étendre, dilater les frontières ».[140] La mission permanente de l'Eglise est la réponse à l'ordre reçu du Christ : « Allez de toutes les nations, faites des disciples, baptisez-les au nom de Père et du Fils et du Saint-Esprit et enseignez-leur à observer les commandements que je vous ai prescrit» (Mt 28, 19-20). Elle a donc le devoir « d'annoncer la Vérité par la Parole de Dieu, de sanctifier les âmes et les hommes par les sacrements et les grâces qu'elle confère, puis aussi d'éduquer les consciences ».[141] La mission est ainsi liée à la nature même de l'Eglise et est œuvre de tous les baptisés sans exception. « La mission de l'homme et surtout du chrétien devenu « homme nouveau » par le baptême, consiste à transformer l'univers pour faire un habitacle digne de l'image de Dieu qu'est l'homme : une ébauche du ciel où nous attend le ressuscité ».[142] Concrètement, il s'agit pour les chrétiens «d'amener leurs compatriotes à faire de leur histoire, une Histoire Sainte, une Histoire de salut ».[143] Il va donc sans dire que les baptisés doivent sanctifier l'histoire par une civilisation d'amour car, à en croire l'archevêque de Yaoundé :

La mission chrétienne est essentiellement une démarche d'amour, de partage, une démarche qui tend à enrichir les uns les autres. Cette démarche d'amour requiert une éducation, une pastorale, des méthodes, une spiritualité plus adaptées, capables de faire « des hommes plus spécialement aptes des besoins

---

[139] *DC*, 1042 (16 juin 1963), 815

[140] Homélie de la Pâques, 11 mars 1991.

[141] Jean Zoa, « Problème d'Eglise dans un pays en voie de développement », in *DC* 1403 (7 juillet 1963), 875.

[142] *Homélie Pâques 1993.*

[143] *Homélie de Noël 1997.*

de la mission ». [144]

La mission vise la conversion moyennant la communication de la foi chrétienne. Le témoignage qui accompagne l'annonce est ce qui donne plus d'efficacité à la mission. « On accepte ce dont il [celui qui annonce] témoigne parce qu'on fait crédit à sa personne : On a confiance ».[145] A ce propos le Pape Paul VI écrivait dans *Evangelii Nuntiandi* : « Le monde contemporain croit plus volontiers aux témoins qu'aux maîtres et s'il croit aux maître, c'est parce qu'ils sont d'abord des témoins » (*EN* 41).

Nécessité pour les nouveaux convertis de prendre urgemment part à la mission

L'empressement chez les bergers exprime leur joie messianique pour l'actuation et la réalisation des promesses. Ils « deviennent les premiers messagers convaincus et convaincants de la Bonne Nouvelle du Salut dans les environs ».[146] Par conséquent, pour ce qui est essentiellement des jeunes églises, cette éducation missionnaire doit les préparer à ne pas attendre que tous les problèmes internes soient résolus avant que les chrétiens, fidèles laïcs et clercs s'ouvrent aux autres pour partager avec eux la foi, en Afrique ou ailleurs.[147] « Ainsi doit resplendir la doctrine et la PAROLE du Dieu Sauveur qui nous a rachetés et régénérés, nous tirant du péché ou iniquité, pour faire de nous son peuple saint, dont la vie et l'action ne se confinent pas dans la sacristie comme certains le souhaitent ».[148] « Les Chrétiens disciples du Christ, ayant reçu l'effusion de l'Esprit, qui est amour et bienveillance, doivent devenir et se savoir témoins et promoteurs de cette fraternité et solidarité dans les 10 provinces du Cameroun ».[149]

Nous pensons que la doctrine traditionnelle de l'Eglise est assez nette. La mission permanente de l'Eglise est de répondre à la mission reçue de Jésus « Allez enseigner, de toutes les nations faites des disciples, baptisez-les au nom du Père, du Fils et du Saint-Esprit, et enseignez-leur à observer les commandements. » L'Eglise aura donc, en Afrique comme partout ailleurs, la

---

[144] Homélie de la Pâques, 13 mars 1991.
[145] Homélie de Pâques, 3 avril 1994.
[146] Homélie de la messe de minuit, 25 décembre 1993.
[147] Cf Homélie à l'Assemblée plénière de Lourdes, *DC*, 1840 (novembre 1982), 1055.
[148] Homélie de Noël 1997
[149] Homélie de Pentecôte, 18 mai 1997.

mission permanente d'annoncer la Vérité par la parole de Dieu, de sanctifier les Ames et les hommes par les sacrements et les grâces qu'elle confère, et puis aussi d'éduquer les consciences. L'Eglise en Afrique a à jouer le même rôle que partout ailleurs, celui d'être lumière et ferment d'une société. Mais en Afrique et dans les pays en voie de développement, ce rôle prend une importance tout à fait exceptionnelle. Pourquoi ? Parce que l'Eglise a chez nous la chance historique d'assister à la naissance des institutions et à la mise en place de structures économiques auxquelles vont obéir nos pays dans l'avenir.[150]

Mgr Zoa distingue deux sortes de pastorales missionnaires des laïcs : Pastorale individuelle exercée par le chrétien vivant de la foi et de la charité de l'Eglise à travers ses engagements temporels qui l'obligent à mettre en œuvres ses divers pouvoirs temporels ; l'apostolat missionnaire collectif, exercé par les organisations d'Eglise telles que l'Action Catholique ou l'Action Catholique sociale qui impose le plein respect des divers pouvoirs temporels sociétaires. Toutefois, il y a complémentarité entre les deux types de pastorales missionnaires laïcs.[151]

Chez Mgr Jean Zoa, la mission n'est pas uniquement le départ, mais aussi et surtout l'approfondissement de la foi, au jour le jour.

L'Eglise en Afrique doit aussi approfondir sa foi par la méditation de la Parole de Dieu... Grâce à elle, [les jeunes églises] sauront petit à petit adopter des attitudes évangéliques, appelées par les circonstances et les tâches multiples et complexes fréquentes dans nos pays en voies de développement.[152]

Mission : échange entre Eglises ou intercommunion des Eglises

Mgr Zoa n'exclue cependant pas le premier sens de la mission comme envoie, car il pense que les départs et les partages volontaires des sujets des jeunes Eglises avec leurs frères et sœurs des vieilles églises, libèrent la mission de tout colonialisme.[153] Dans le même sillage, il s'accorde avec le Pape Jean-Paul II que « la mission est essentiellement communion-coopération, communion des frères, des

---

¹⁵⁰ Jean Zoa, « Problème d'Eglise dans un pays en voie de développement », in *DC* 1403 (7 juillet 1963), 875.

¹⁵¹ Mgr Jean Zoa, « Mission du laïc aujourd'hui », in *DC*, 1403 (7 juillet 1963), 880.

¹⁵² Cf Homélie à l'Assemblée plénière de Lourdes, *DC* 1840 (novembre 1982), 1055-1056.

¹⁵³ *Ibidem*

sœurs qui se connaissent, entre églises solidaires qui se sentent coresponsables, et la mission devient échange de vie et d'énergie ».[154] Pour cette raison, au nom de l'universalité de l'Eglise, il s'inscrit en faux contre ceux qui pensent que la déclaration du Pape Paul VI à Kampala en 1969, « Africains, soyez vos propres missionnaires », signifie que l'Eglise d'Afrique ne doit plus accueillir de missionnaires d'Europe et d'Amérique. Il aura la même réaction après la publication de l'article du philosophe camerounais, Eboussi Boulaga, qui demandait un moratoire pour l'envoie des missionnaires européens et nord-américains dans les églises d'Afrique et réclamait qu'on programme leur retour en grand nombre pour qu'ils aillent vaquer à l'évangélisation de leurs propres pays. Dans une interview accordée à la télévision belge en 1978, il précise au sujet du moratoire :

> *Même si dans chaque pays tout le monde croyait en Jésus-Christ, il faut continuer les échanges qui sont enrichissants…, allant d'Eglise en Eglise pour se raconter les merveilles du Seigneur… Même si dans mon diocèse, j'avais assez de prêtres pour occuper tous les postes, il faut encore prôner l'échange entre églises au point de vue des prêtres, des religieux et des laïcs, et des expériences, parce que le Seigneur ne se révèle pas de la même façon à tout le monde.[155]*

Pour Mgr Zoa, l'Eglise universelle doit plutôt envisager de nouvelles formes de missions réciproques entre les églises de vieille chrétienté et les jeunes églises. « Les églises dites de vieilles fondations ont besoin de sang frais pour maintenir en vie les structures et dépasser le mode de vie surannée ».[156] En d'autres termes, il doit exister entre églises une complémentarité enrichissante dans la mise en commun des charismes et des compétences.[157]Dans son homélie de Noël 1980, il compare les missionnaires venus d'Europe à la Samaritaine grâce à laquelle ses congénères sont entrés en contact avec le Christ :

> *Mon rêve, mon souhait, ma prière quotidien de Pasteur, c'est que au fur et à mesure que nous pénétrons dans la grâce du synode, nous soyons en mesure de dire à nos missionnaires étrangers émerveillés, et en les associant à notre joie spirituelle libérées, comme les Samaritains à leur sœur grâce à laquelle ils avaient rencontré Jésus, bien que ne l'ayant pas encore découvert en profondeur : « Ce n'est plus seulement à cause de tes dires que nous croyons ;*

---

[154] Cf *DC* 1840 (novembre 1982), 1055.

[155] Jean Zoa, "L'Eglise, Sacrement de salut », in *Ensemble*, 54/55 (1979), 60, cité par E. Grasso, *Dialogue avec l'Afrique,* Presse Universitaire d'Afrique, Yaoundé 1997, p. 32.

[156] *EG* 34.

[157] Cf Mgr Jean Zoa, Homélie à l'Assemblée plénière de Lourdes, *DC* 1840 (21 novembre 1982), 1056.

nous l'avons entendu nous-mêmes, et nous savons qu'Il est vraiment le Sauveur du monde (Jn 4, 41)».[158]

Théologie de l'inculturation

Le Père Ossama note que l'inculturation mettra beaucoup de temps pour trouver un chemin chez Mgr Jean Zoa.[159] Son confrère Philippe Azeufack, par contre, voit le souci de l'inculturation chez Mgr Zoa, bien avant qu'il ne devienne archevêque de Yaoundé. Ce dernier définit d'abord par la négative, la vision de Mgr Jean Zoa sur le sujet. L'inculturation chez l'archevêque de Yaoundé n'est pas selon le Jésuite camerounais, un embrasement aveugle des us et des coutumes pour les exalter, ce n'est pas non plus laisser libre cours à ses émotions nègres (Senghor) devant la beauté du message évangélique, c'est l'usage de l'esprit de discernement pour identifier les valeurs du terroir africain et avec la raison, don de Dieu, se servir de ces valeurs de manière réfléchie pour œuvrer à l'émancipation totale de l'Africain à la lumière de la Parole de Dieu.[160] Le Père Di Salvatori fait le constat similaire en soulignant l'insistance de Mgr Jean Zoa sur le discernement à faire pour une vraie inculturation :

> *Il s'insurgeait avec force contre une idée d'inculturation mal comprise au nom de la quelle on inventait les expériences la plus diverses, théologiques, liturgiques et pastorales, qui transformaient les prêtres en voyants et guérisseurs charlatans, propagateurs d'une pastorale prétendant scruter l'invisible et qui ne faisait qu'étouffer dans les gens le sens de la raison et des responsabilités.*[161]

Il n'est pas question d'être pour ou contre une culture, mais « il s'agit pour nous, animé par l'Esprit, de donner une expression locale et authentique aux exigences absolues et éternelles de l'évangile de Jésus ».[162]

---

[158] Homélie de Noël 1980, citée par Emilio Grasso, *Dialogue avec l'Afrique,* p. 33.

[159] Nicolas Ossama, *Monseigneur Jean Zoa. Christianisme africain et destin de l'Afrique,* Imprimerie CPS/ Paul Etoga, Mbalmayo 2006, p.174.

[160] Philippe Azeufack, Monseigneur *Jean Zoa, Père et ami des jeunes*, Imprimerie Saint Paul, Yaoundé 2000, p. 58.

[161] Giuseppe Di Salvatori, « Thèmes majeurs de la prédication de Mgr Jean Zoa » in *Cahier s de réflexion* 7 (2006), 89.

[162] Jean Zoa, *Consignes pastorales* 1969, 7.

Inculturation ou l'évangélisation de la culture ancestrale

Quant l'Afrique a été évangélisée, elle n'était pas religieusement vierge. Elle vivait intensément ses croyances avec des prières, des rites, des « sacrements », des lois morales, des interdits, des péchés, etc. Souvent, la vraie foi chrétienne n'a de pires ennemis que les habitudes religieuses séculaires.[163]

Pour Mgr Zoa, l'Africain croyait depuis les temps immémoriaux à un monde supérieur, à l'existence des esprits et la survivance des anciens qui étaient morts, le bonheur étant pour lui de rejoindre ses ancêtres avec qui il continuerait la famille. Cependant, il note que cette continuation n'est que celle du clan terrestre. Néanmoins les ancêtres connaissaient bien Dieu. « Toutes les ethnies du Cameroun ont cru en Dieu. Toutes nos langues ont un ou plusieurs mots pour désigner cet Etre suprême, très grand, très fort ; qui domine tout par sa puissance, mais qui est très lointain, inaccessible ».[164] Plus tard il écrira : « Nos ancêtres étaient fondamentalement monothéistes : ils croyaient en un Etre Suprême unique, mais qui, retiré dans son inconnu intemporel, avait laissé la gestion courante des choses et des événements à des lieutenants omniprésents et tout-puissants bienveillants et malveillants ».[165] Il y a alors la nécessité pour l'évangélisation de prendre en compte les pierres d'attente qu'il y a dans l'âme africaine.[166] « Nous sommes conviés à évangéliser la religiosité, notre monde religieux au niveau de notre intimité personnelle et au niveau collectif des mentalités, des coutumes, des visions du monde et de la société dans lesquelles elles s'enracinent ».[167] Dans l'inculturation, c'est l'évangile qui va primer et non les cultures, d'où la nécessité de se garder du syncrétisme.

L'évangile est irréductible ou il n'est plus authentique… Rejetant tout syncrétisme doctrinal, toute ambiguïté dans les attitudes, toute compromission dans les comportements… individuellement et collectivement, nous devons nous prononcer et choisir publiquement : ou la loi sans le Christ ou la foi au Christ avec la charité. Pas d'évangile mutilé… Paul nous invite à nous recentrer sur la personne, la vie, le destin et la mission de Jésus (Messie), mort et ressuscité ; à reconnaître la nouveauté absolue de l'évangile qui nous

---

[163] Mgr Jean Zoa, « La mission du laïc africain à la lumière de Vatican II », in *Rencontre panafricano-malgache des laïcs Accra (Ghana)*, 11-18 août 1971, 28.

[164] Homélie de Pâques 1979 cité par Giuseppe Di Salvatore, « Thèmes majeurs de la prédication de Mgr Jean Zoa » in *Cahier s de réflexion* 7(2006), 80.

[165] Homélie de Noël 1988, in *ibidem*.

[166] *Ibidem*.

[167] Homélie de Pâques 1970, cité Par Giuseppe Di Salvatori, « Thèmes majeurs de la prédication de Mgr Jean Zoa », 97.

*bouscule tous, occidentaux et africains... Aussi, face au terme « inculturation »
privilégions celui de « conversion » (metanoia), plus biblique, plus théologique
et plus « engagé ».*[168]

Mgr Zoa exige dans le domaine de l'inculturation une méthode réflexive qui
consisterait à aller dans les cultures respectives et repérer les différents rites de
passages : naissance, éducation, initiation, fiançailles, mariage, maladie, mort et les
examiner à la lumière de l'évangile. La démarche visera à trouver le pourquoi de telle
pratique, sa signification métaphysique, religieuse, sociale, hygiénique, esthétique,
cosmique et chercher leur références communes universalisables.[169]

Toutefois, comme chez le Christ, c'est l'évangile qui donnera les valeurs
nouvelles à ces réalités anciennes : « Si Jésus, durant sa vie terrestre, donne à
certaines vues anciennes, une valeur nouvelle, la règle, désormais consiste à partir de
l'évangile pour donner à l'Ancien Testament et aussi à nos coutumes leur valeur».[170]
Le baptême exige une mentalité nouvelle, une attitude et un comportement nouveau
face à certaines réalités : la sexualité, l'argent, la tribu, la politique, le mariage,
l'amour, la famille...[171]

*Le danger pour nous devant certaines difficultés est de nous refugier derrière
les fait que ce sont les Blancs qui nous ont prêché la foi, et on entend de plus
en plus des réflexions comme celles-ci : « Telle exigence vient de la culture des
Blancs ». On entend surtout à propos de la polygamie et de la monogamie. Or
nous savons que les exigences évangéliques jugent les échelles de valeur de
nos cultures.*[172]

Le professeur Dieudonné Espoir Atangana réfléchit dans un sens qui éclaire la
pensée de l'archevêque de Yaoundé:

*C'est avec raison qu'il faut dénoncer toute inculturation du type culturaliste,
prisonnière du culturelle. La culture étant d'ailleurs conçue ici comme
passéiste, statique ou intemporelle, c'est-à-dire justement hors des aléas de
l'existence qui intéresse au premier chef le discours sur la libération (...)
L'inculturation n'est pas l'apanage des sociétés africaines repliées sur la
culture qu'on réduirait aux traditions ancestrales, mais le fait de toutes les
sociétés humaines... Une inculturation authentique en Afrique devrait tenir*

---

[168] *Ibidem*, 97-98.

[169] Mgr Jean Zoa, « Chrétien face à la tradition », cité par Philippe Azeufack, *Mgr Jean Zoa,
archevêque de Yaoundé. Pasteur et Père des jeunes*, p. 68-69.

[170] Homélie du 2 juillet 1994.

[171] *Ibidem*

[172] Homélie de Noël de 1980, cité par Giuseppe Di Salvatore, « Thèmes majeurs de la prédication
de Mgr Jean Zoa », 89.

compte, pour que son discours réponde aux besoins et attentes des africains aujourd'hui. L'inculturation dans ce sens devient contextualisation du discours de la foi par rapport aux problématiques africaines et par conséquent, une exigence incontournable de la raison.[173]

L'autre danger d'une inculturation comprise dans ce sens est le charlatanisme pastoral qui sème la confusion :

L'Eglise est intervenue par la voie de Mgr Zoa, condamnant ce qu'il a appelé « diversion messianique » : la recrudescence des rites ancestraux, la pullulation des sectes et l'action rampante des sociétés secrètes dans les milieux intellectuels et politiques, la fringale maladives des apparitions de la Vierge Marie, la persistance de la « voyance » et du «maraboutage», les syncrétismes rétrogrades et abêtissants promus et entretenus aussi par certains clercs au nom d'une inculturation mal comprise. Des pratiques qui exploitent sans vergogne la détresse, l'ignorance, la misère des gens et enfoncent toujours davantage les communautés dans des démissions catastrophiques face aux tâches de développement, provoquant des déchirures irrémédiables dans le tissu social. [174]

Inculturation : une purge des complexes et des frustrations culturelles

L'inculturation demande aussi que l'Africain sorte de la dépendance de la culture. Dire cela paraîtrait que l'archevêque de Yaoundé aurait voulu l'aliénation culturelle des Africains. Mais non ! Le baptême n'aliène pas, il libère. En Afrique traditionnelle, l'effet scientifique se réfugie facilement dans le monde surnaturel. Il y a par ailleurs confusion entre le naturel et le surnaturel, le religieux et le profane. [175] Le Père Di Salvatore écrit :

Dans la pénible tentative de maîtriser les signes multiples et obscurs de la modernité, l'homme Bëti vit effectivement une différence de pensée et la pratique moderne des « blancs », mais une différence de force et non pas de sens. Si le « blanc » était capable de créer avions, trains, écoles, hôpitaux,

---

[173] Dieudonné Espoir Atangana, « Théologies africaines de la libération : quelle pertinence socio-politique », in *Annales de l'Ecole Théologique Saint Cyprien*, 4 (1999), 53

[174] Giuseppe Di Salvatori, « La force des Suimangas », *Cahier de Réflexion*, 3 (1998), 15.

[174] Messe pour les sinistrés de Nsam, 22 février 1998.

[175] Mgr Jean Zoa, « Séminaire sur la dot », cité par Philippe Azeufack, *op. cit.*, p. 132.

églises, c'était parce que son pouvoir était énormément plus grand que celui de leurs sorciers et guérisseurs : Il avait été « au conseil de Dieu ». Ainsi, au lieu d'accepter les amulettes traditionnelles, on accepta facilement croix et médailles… ; au lieu des rites d'initiation, les enfants furent envoyés à l'école de la mission… afin qu'ils réussissent à découvrir et posséder le secret de telle force. [176]

Mongo Beti faisait ressortir aussi une telle confusion dans *Le pauvre Christ de Bomba*, quand un homme répond au Père Drumont qui s'étonne que ses chrétiens abandonnent la foi :

Les premiers d'entre nous qui sont accourus à la religion, y sont venus comme à une révélation, une école où ils acquerraient la révélation de votre secret, le secret de votre force, la force de vos avions, de vos chemins de fer, est-ce que je sais, moi… le secret de votre mystère quoi ! Au lieu de cela, vous vous êtes mis à leur parler de Dieu, de l'âme de la vie éternelle, etc. Est-ce que vous vous imaginez qu'ils ne connaissaient pas tout ça avant ? [177]

Le monde européen, avec sa science qui pousse à une productivité massive et une grande efficacité, a malheureusement manqué de mode propice pour l'éducation de l'Africain à cause de la chicote et de son paternalisme. Il a plutôt accentué la dépendance de l'Africain.[178] Ecoutons à ce sujet Di Salvatore :

Hommes, femmes, enfants furent l'objet, brutalement inerte, de trafics de chair humaine, quand tout un monde « chrétien » et « civilisé » organisait et assistait à l'infamie de la traite des esclaves, la codifiait avec le support d'arguments théologiques et sous l'œil éteint de nombreux penseurs du siècle des Lumières.
Hommes, femmes, enfants furent l'objet brutal d'une exploitation massive non moins brutale et violente qui pétrissant avec le sang la terre des routes et des chemins de fer, faisait passer pour œuvre de « civilisation », les pillages, les rapines et mise à sac de tout un continent.
Prenant part à cette « aventure ambiguë », arrivèrent ensuite missionnaires et sœurs qui se courbèrent sur ces pauvres membres massacrés, disloqués et marqués par la « malédiction millénaire des fils de Cham ». Ils soignèrent, instruisirent et finirent tout pour le bien de tous, pour des hommes, des femmes et des enfants qui n'avaient pas de mots à dire et restaient encore une fois,

---

[176] Giuseppe Di Salvatori, in « La force des Suimangas », *Cahier de Réflexion*, 3 (1998), 12.
[177] Mongo Béti, *Le pauvre Christ de Bomba*, cité par F. Eboussi Boulaga, « Les écrivains africains devant le christianisme », in *Pirogue*, 28 (janvier - Mars 1978), 46.
[178] Jean Zoa, « Problème d'Eglise dans un pays en voie de développement », in *DC* 1403 (7 juillet 1963), 873.

comme des objets, cette fois-ci de la compassion de la miséricorde d'autrui. [179]

L'inculturation consisterait aussi à décoloniser l'Africain, autrement dit, à la purification des réflexes créés par la colonisation.

Les traumatismes provoqués dans l'âme africaine par la domination esclavagiste et colonialiste, par l'emprise aliénante au nom d'une culture ou de l'évangélisation, rendent très douloureux l'effort de l'Africain pour transcender ces phénomènes historiques, les « classer » une fois pour toutes, afin d'écouter l'Evangile libérant du Christ AUJOURD'HUI.[180]

Elle doit être le fruit d'une créativité théologique, pastorale, liturgique, artistique qui émane du génie des pasteurs et des fidèles laïcs. L'Eglise a pour rôle d'aider à la discerner et à l'organiser.[181] Elle est en dernier ressort chez Mgr Zoa, un processus de conversion et de transformation.

Théologie de l'unité

L'archevêque de Yaoundé envisage l'unité à plusieurs niveaux : Eglise universelle, dans l'Eglise diocésaine, l'unité des chrétiens des différentes confessions, l'unité des croyants, l'unité nationale…

L'unité dans la famille diocésaine ou paroissiale

Ce qui aurait rendu cher ce thème d'unité dans la prédication de Mgr Jean Zoa aurait été la situation de trouble qui régnait dans l'archidiocèse de Yaoundé lorsqu'il prenait les fonctions comme pasteur de cette église. Dans sa conception, le diocèse est une famille où tous les membres, clergé comme laïcs, travaillent main dans la main pour rendre efficace le témoignage évangélique. Répondant aux journalistes à l'occasion du dixième anniversaire de son sacre sur le bilan de ces dix années, il dit : « Il fallait nous regrouper, évêque, clergé, laïcs en une famille pour conjuguer nos efforts, pour avancer ensemble et donner le témoignage de l'évangile sans quoi je ne

---

[179] Giuseppe Di Salvatori, « La force des Suimangas », *Cahier de Réflexion*, 3 (1998), 13-14.
[180] Mgr Jean Zoa, « Visite apostolique du Pape Jean-Paul II au Cameroun, août 1985 », cité par Nicolas Ossama, *Monseigneur Jean Zoa. Christianisme africain et destin de l'Afrique*, p. 199.
[181] Homélie du 18 juin 1994.

pourrais rien faire ».[182] Il est évident donc, sous-entendu, que l'unité dans la famille diocésaine était le moteur de la pastorale de l'archevêque de Yaoundé. Il en est de même de la paroisse,

> *communauté de charité [...] qui se dédouble dans les postes centraux...Elle doit connaître et suivre les diverses influences exercées dans son sein ; elle doit permettre des rencontre des personnes, des échangent : réflexion en commun, révision de vie, autour d'un problème vrai, intéressant la vie des hommes en vue d'une action.*[183]

L'unité dans l'Eglise du Cameroun

Mgr Zoa voyait aussi que l'unité dans l'Eglise nationale était une chose à poursuivre et à faire rayonner. Pour lui, il fallait éviter les dangers qui mettent en péril cette unité tels, les tiraillements des leaders d'opinion ou des politiciens et la prise de position des pasteurs en rangs dispersés sur les questions de justice et du droit. Au sacre de Mgr Lambert Van Hegen le 29 juin 1962, il dit dans son sermon : « Qu'on renonce… aux efforts qui sont tentés pour tirer l'Eglise d'un côté comme de l'autre ». [184] Pour lui, l'Eglise du Cameroun doit montrer une volonté ferme de se tenir à l'écart des conflits politiques, qu'elle ne soit ni pour personne ni contre personne mais plutôt pour le bien, la justice, le respect fondamental des libertés. Il faut que l'unité des chrétiens soit bénéfique et inspiratrice pour l'unité nationale et l'unité de l'Afrique. L'archevêque de Yaoundé est convaincu que l'unité des chrétiens stimulera nécessairement les Africains à travailler pour l'unité dans leur continent.

L'unité dans l'Eglise universelle

Mgr Zoa est contre la discrimination dans l'Eglise et soutient sa mission universelle. En 1974, le philosophe camerounais Fabien Eboussi Boulaga publiait dans la revue *Spiritus*, un article brûlant titré *La démission*. Le philosophe souhaitait un moratoire pour la réception des missionnaires occidentaux dans les églises

---

[182] Interview avec Raphael Onambele, Pascal Mvoe et l'Abbé Jérôme Belinga, in Philippe Azeufack, *Monseigneur Jean Zoa Archevêque de Yaoundé. Pasteur et Père des Jeunes*, AMA, Yaoundé 1999, p. 44.
[183] Jean Zoa, *Consignes pastorales 1969*, 8.
[184] *Ibidem*, p. 34.

d'Afrique, lesquels empêcheraient sa croissance et son épanouissement au profit de son infantilisation. Il réclamait qu'on programme leur départ en grand nombre dans leurs pays d'origine pour vaquer à leur propre évangélisation. Interrogé par une télévision belge en 1978 à se prononcer sur le moratoire, Mgr Zoa affirme que si son archidiocèse avait suffisamment de prêtres locaux, il accueillerait encore volontiers les missionnaires car l'échange des missionnaires entre églises marque l'universalité de l'Eglise et magnifie les merveilles du Seigneur.[185] Il réitère ses propos deux années plus tard à l'installation de Mgr Tumi comme évêque de Yagoua en disant que la prise en main par les Camerounais des diocèses ne signifie pas la fin des missions, car les missionnaires sont invités à s'associer aux églises locales pour rechercher avec elle les voies nouvelles pour affronter les nouveaux défis. Pour lui, l'unité est garant du succès de la mission. « Unissons-nous pour que nous puissions partager notre dénuement mais aussi notre volonté [...] en unissant nos intelligences, nos forces, notre savoir-faire ; tout cela au service de la cause commune : la mission. »[186]

L'œcuménisme et l'unité des croyants

L'œcuménisme exige un témoignage commun entre les chrétiens, lequel témoignage a une grande importance pour la crédibilité de l'évangile. Au Concile Vatican II, Mgr Zoa intervient au sujet de l'œcuménisme et les missions et situe la collaboration des chrétiens de diverses confessions sur trois plans :

Le témoignage rendu aux valeurs communes de l'évangile dans les jeunes pays en voie d'organisation et de développement ; l'action culturelle, la traduction de l'Ecriture, l'étude de civilisation et des religions non-chrétiennes ; la création d'instruments d'information mutuelle, et de l'attention à éviter toute concurrence contraire à l'esprit chrétien. [187]

Il entrevoit par ailleurs la même collaboration entre les églises chrétiennes dans les recherches anthropologiques, ethnologiques et socioculturelles et propose une organisation interconfessionnelle d'information et de consultation qui favoriserait la compréhension mutuelle des points de divergences doctrinales entre confession et d'éviter le syncrétisme.

Au-delà de l'œcuménisme, Mgr Zoa soutenait l'unité des croyants qui sera

---

[185] Cf *Ibidem*, 32.

[186] Nicolas Ossama, *Monseigneur Jean Zoa. Christianisme africain et destin de l'Afrique*, Imprimerie CPS/ Paul Etoga, Mbalmayo 2006,

[187] Mgr Zoa, « Œcuménique et mission », in *DC,* 1964 (5 janvier 1964), 68.

appelé plus tard dialogue interreligieux. A ses yeux, l'unité des croyants était la garantie de la paix :

> *L'unité féconde la paix et sa recherche rapproche les croyants de diverses confessions [...], les tenants des religions traditionnelles, le juifs, les musulmans, les chrétiens protestants, orthodoxes, catholiques. Nous sommes invités à expliciter, à mettre en lumière et à partager avec les autres :*
> *- La valeur de la paix et de la fraternité,*
> *- Les appels de la paix et de la fraternité,*
> *- Les domaines de la paix et de la fraternité, contenus dans nos croyances et nos credo.* [188]

L'unité fruit de la synthèse de biens intellectuels et spirituels de toutes les cultures

L'archevêque de Yaoundé conçoit que la rencontre des cultures ne devrait pas se poser uniquement sous forme de conflit, mais aussi comme un facteur de progrès authentique de l'humanité. Chaque culture a des valeurs propres qui peuvent se présenter comme éléments de participation à un patrimoine commun à tous les peuples. [189] Le romancier sénégalais, Cheik-Hamidou-Kane, écrivait dans *l'Aventure Ambiguë* en 1961, « Chaque heure qui passe apporte un supplément d'ignition au creuset où fusionne le monde. Nous n'avons pas eu le même passé, vous et nous, mais nous aurons le même avenir rigoureusement. L'ère des destinées singulières est révolue ».[190] Le romancier pensait que l'occident et l'Afrique devraient désormais vivre en symbiose dans un monde où les radicaux représentés par Maître Thierno et les hybrides indécis (Samba Diallo) n'ont pas droit de cité, raison pour laquelle il les fait mourir dans son roman. Senghor a appelé cela la synthèse des cultures. L'archevêque de Yaoundé intervient au Concile en emboîtant le pas aux écrivains Sénégalais :

> *L'Africain accepte la culture occidentale non parce qu'elle est occidentale, mais parce qu'elle représente une valeur humaine ; et il doit en être de même pour la religiosité africaine aux yeux d'un occidental. A travers cette communication de biens intellectuels et spirituels s'accroît le trésor de toutes*

---

[188] *Messe de la journée mondiale de la paix*, 1er janvier 1992.
[189] Mgr Zoa, « Synthèse dans le Christ et les cultures », in *DC* 1438 (20 décembre 1964), 1662.
[190] C. Hamidou-Kane, *L'Aventure Ambiguë*, 10/18 Julliard, Paris 1961, p. 92.

les valeurs humaines, on écarte toutes les causes du conflit entre races, entre personnes et coutumes diverses, on ouvre la voie à des contacts toujours plus fructueux entre les hommes et les peuples, on évite de faire pénétrer dans un continent comme l'Afrique, les principes de l'athéisme en même temps que ceux de la science. [191]

En somme, l'unité que prêche Mgr Zoa tire sa source de l'Ecriture et des décrets du magistère. Il titre le rapport des évêques d'Afrique et de Madagascar au 4e synode épiscopal mondial présenté le 20 octobre 1974 à Rome, *Evangélisation : coresponsabilité et incarnation*. Le rapport dit en substance ceci : L'idée de communion et de coresponsabilité dans l'Eglise fait parti du Nouveau Testament.

S'il y a diversité des dons, de ministères d'opérations – il n'y a qu'un même Dieu qui opère tout en tous. La manifestation de l'Esprit est donnée en chacun en vue de l'utilité commune. » (1 Cor 12, 4ss). Cette idée prend aussi appui sur les Actes des Apôtres : « La multitude des croyants n'avait qu'un cœur et une âme. Nul ne disait sien ce qui lui appartenait, mais entre eux tout était commun (Ac 4, 32).[192]

Le Concile Vatican II de son côté, invite les chrétiens à prendre conscience du caractère communautaire de leur vocation humaine et chrétienne : Dieu qui veille paternellement sur tous, a voulu que tous les hommes constituent une seule famille et se traitent mutuellement comme frères » (*GS* 24).[193]

L'unité découle de Dieu lui-même qui est communauté des trois personnes de la Trinité : le Père, le Fils et le Saint Esprit. L'Eglise dès ses origines a toujours voulu s'inspirer du modèle divin de la communauté trinitaire. Saint Paul utilise les images du corps avec ses membres donc chacun appartient à l'unité et aux fonctions avec des dons respectifs, l'objectif étant de travailler à l'unité et à l'utilité du corps. Le Concile Vatican II ira dans le même sens en choisissant l'image du peuple de Dieu, Paul VI, la notion du Corps mystique du Christ dans *Ecclesiam Suam* et le synode africain de 1994, l'image de la famille de Dieu.

---

[191] Mgr Zoa, « Œcuménique et mission », in *DC,* 1964 (5 janvier 1964), 68.
[192] « Promouvoir l'évangélisation dans le développement », in *DC* 1664 (17 novembre 1974), 995-996; Voir aussi Cheza et Alii, p. 73.
[193] *Ibidem*

AXE III ET IV :

JUSTICE ET PAIX, TACHE DU DEVELOPPEMENT ET DE LA GESTION AU NOM DE LA FOI

Théologie de la libération

La théologie de la libération chez Mgr Zoa découle de sa christologie. Le Christ est libérateur par excellence et toute libération chrétienne doit s'inspirer de son modèle. C'est à partir de la Pâques qu'il s'est révélé le libérateur de l'homme. La Pâques chrétienne « est la fête de la rédemption et de la libération opérées par le Christ mort et ressuscité en faveur de la « multitude », c'est-à-dire de l'humanité tout entière » (Mc 10, 45 ; Mt 20, 20).[194] La Pâques du Christ abroge la Pâque juive qui était la commémoration de la libération des Hébreux de l'esclavage des Egyptiens. Christ comme Moïse, libère toute l'humanité de l'esclavage du péché. L'Eglise s'est engagée à la suite du Christ à la libération de l'homme au nom de l'amour évangélique, en proclamant sa dignité d'enfant de Dieu, créé à son image et à sa ressemblance, aimé et sauvé par son Fils, mort et ressuscité. [195] Ce salut vise tout l'homme et tout homme, corps et âme, individu et communauté. [196] Par conséquent, « un fils de Dieu, une fille de Dieu, c'est une personne debout ; une personne qui veut le bien de l'homme, de tout homme. Ceux-là sont de la gloire de Dieu […], ils sont investis de lumière éclatante, signe de la présence du Dieu d'Israël ». [197] Etre sel et lumière de la terre comme recommande le Christ (cf Mt 5, 13-16), signifie tout simplement, mettre l'homme debout pour qu'il trouve son épanouissement.

Qui et de quoi faut-il libérer ?

La théologie de libération n'est pas une abstraction sans fondement. L'archevêque de Yaoundé vivait dans un monde bien connu et aux circonstances particulières. Les entraves qui retiennent l'Afrique sub-saharienne sont légions :

Leur litanie fait penser aux sept coupes de colère de Dieu répandues sur notre continent et décrites dans le chapitre 16 de l'Apocalypse : la maladie, l'ignorance, la famine, la sécheresse, la malnutrition, les inégalités, les injustices, l'arbitraire, le dépérissement des villages, la déshumanisation des

---

[194] *Homélie à la messe d'ouverture de la semaine culturelle du mouvement international des chrétiens africains*, Centre Jean XVIII, 24. 04. 1983, in Philippe Azeufack, *Op cit.*, p. 33.
[195] *Ibidem*, p. 34.
[196] *Ibidem*.
[197] Homélie de Noël 1993.

quartiers urbains, etc. Voilà nos bourreaux, nos entraves.[198]

Par ailleurs, l'Afrique porte un poids d'histoire et de cultures compromettantes avec des situations d'esclavage. Elle a connu des siècles d'esclavage et a été l'objet de la colonisation dont elle porte douloureusement les séquelles dans sa conscience ou sa mémoire.[199]

Il faut que l'Afrique vive et revive l'événement de la traite négrière comme un cataclysme métaphysique. Je veux comprendre comment l'Afrique Noire en est là. Ce phénomène est un cataclysme réel qui a tué tout ce qu'on pouvait avoir de fierté et de potentialité. La colonisation est venue l'enfoncer. C'est pour cela que j'invite l'Africain à aller en profondeur de la Révélation pour y chercher la réponse à ses problèmes.[200]

En 1963, Mgr Zoa déclarait :

Le peuple africain, avant d'être évangélisé et d'être en contact avec l'Occident, avait une organisation à lui. Cette organisation était basée sur une philosophie, une philosophie qui n'avait pas pu s'exprimer. Cette organisation était basée sur une vision du monde et pour ce qui est du Sud-Cameroun, la société de base étant le clan ou tribu dans lequel un groupe d'hommes plus on moins nombreux était organisé autour d'un ancien qui représentait le lien entre les anciens décédés et les présents. C'était cet ancien qui avait entre ses mains le pouvoir politique, le pouvoir diplomatique économique et militaire, il était même prêtre, si bien que le clan était une organisation refermée sur elle-même, une organisation totalitaire même, où l'individu se sacrifiait volontiers pour sa subsistance et sa survivance. Au point de vue économique, cette organisation était ce que les Européens ont appelé une économie de subsistance.

Quand nous sommes entrés en contact avec l'Europe, on n'a pas demandé à l'Afrique quelle organisation elle voulait conserver. Elle était colonie, on lui a imposé certaines lois, on a institué certaines pratiques auxquelles elle devait se soumettre. Or, c'est pendant cette période qu'a eu lieu l'action d'évangélisation. Les méthodes employées, les motivations qui ont poussé les gens à croire ont été interprétées de diverses façons et voilà qu'au bout de

---

[198] Cf *Homélie à la messe d'ouverture de la semaine culturelle du mouvement international des chrétiens africains*, in Philippe Azeufack , p. 55.

[199] Cf Mgr Jean Zoa, *Mot d'accueil adressé à sa Sainteté le Pape Jean-Paul II lors de la messe à la Base Aérienne de Yaoundé*, 15 septembre 1995, p. 3.

[200] Jean Zoa, « Engagement du prêtre. Interpellations de l'Assemblée spéciale du synode des Evêques pour l'Afrique », in *Rencontre. Bulletin d'information du Grand Séminaire de Nkolbisson* , édition spéciale (avril 1995), 7.

soixante, soixante-dix ans notre pays est proclamé indépendant, nous devons faire face à tous les problèmes ...

L'Eglise doit venir enseigner la charité dans ce milieu, et si nous disions tout de suite : nous voulons décrire les nouvelles dimensions de la charité en Afrique, je crois qu'il nous faudrait dire sur quelles bases on peut définir ces dimensions nouvelles pour nous. Est-ce à partir des bases claniques, ou bien à partir du phénomène de socialisation, qui s'est vérifié dans tout l'Occident et dans le monde entier.[201]

Après la colonisation, sont venus les régimes dictatoriaux et l'apartheid avec leurs formes d'asservissement et de déshumanisation. Il y a les misères urbaines et rurales, des fléaux tels que la famine, la malnutrition, les maladies parmi lesquelles le terrible SIDA appelé maladie du siècle.

Lors de la visite ad limina des évêques du Cameroun au Pape Jean-Paul II en 1983, Mgr Zoa s'adresse au Saint Père au nom de ses confrères : « Nous voulons rendre davantage libres, dynamiques et autonomes nos populations tant urbaines que rurales ; les introduire et les initier dans le circuit de développement et les exigences de la vie moderne sans trahir les vraies valeurs de notre héritage ancestral ...».[202]

Méthodes de travail pour la libération

Pour libérer les humains des servitudes, la seule volonté ne suffit pas, il faut se donner des moyens. Mgr Zoa, avait été aumônier des mouvements d'Action Catholique avant son accession à la tête de l'archidiocèse de Yaoundé. Il avait donc médité et intégré la pédagogie des mouvements d'Action Catholique avec ses trois phases : Voir- Juger- Agir. Ayant fait le constat des misères qui tenaillent les peuples d'Afrique en générale et de son archidiocèse en particulier, il propose une démarche de leur libération en quatre points.

1. Définir et élaborer les stratégies et les pédagogies concrètes, adaptées, participatives et simples.

2. Mobilisation des communautés chrétiennes pour la mise en mouvement et en

---

[201] Jean Zoa, « Problème d'Eglise dans un pays en voie de développement », in *DC* 1403 (7 juillet 1963), 871.

[202] « Allocution adressée au Pape Jean-Paul II à l'occasion de la visite *Ad Limina* des évêques Camerounais », in *DC*, 1844 (16 novembre 1983), 87.

branle des outils et des mécanismes de déblocage et de décollage.

3. Faire participer autant que possible les hommes à leur propre libération.[203]

4. La purification de la mémoire qui passe par l'expérience de l'amour de Dieu secrète et libère les énergies créatrices et fait reprendre conscience de toutes ses possibilités et ses capacités pour s'engager dans des voies originales pour le développement et la sainteté.[204]

> *L'Eglise d'Afrique doit affronter sans peur la mémoire de son histoire, sachant situer ses blessures dans l'histoire du salut que le Christ a vécue dans sa chair pendant sa passion. Cela veut dire parcourir les étapes de la douleur noire avec un regard nouveau et une attitude nouvelle, qui fassent émerger les traces de l'amour de Dieu pour l'homme africain malgré les traumatismes et les mutilations profondes de l'histoire du continent, et au milieu de ces traumatismes et mutilations, depuis la traite négrière jusqu'aux néo-colonialismes...*
>
> *La découverte des traces de l'amour de Dieu rendra possible la saisie de la réalité africaine non seulement à la lumière de ses misères, de toutes ses plaies humaines et sociales, aussi à la lumière de ce réalisme chrétien qui prend en compte toute la réalité. Cette réalité n'est pas seulement la réalité superficielle mais, tout d'abord, la réalité pénétrée par la grâce de l'Incarnation, qui a déjà introduit dans l'histoire des hommes de ce continent aimé de Dieu, le ferment trinitaire, le ferment de la réconciliation. (Rm 5, 11 ; 11, 15).* [205]

On sent ici l'influence de la théologie de la paupérisation anthropologique du Père Engelberg Mveng, assassiné quelques mois avant la prononciation de ce discours, mais aussi celle du Pape Jean-Paul II lui-même sur la purification de la mémoire.

Libération chrétienne : ordre divin et entreprise ardue

Mgr Zoa désigne par ailleurs la démarche de la libération comme moyen de salut qui passe par la solidarité, c'est-à-dire la collaboration de tous pour faire reculer les forces de la misère et rechercher la justice sociale et la paix. La libération

---

[203] Cf *Homélie à la messe d'ouverture de la semaine culturelle du mouvement international des chrétiens africains*, in Philippe Azeufack, p. 56
[204] Cf Mgr Jean Zoa, *Mot d'accueil adressé à sa Sainteté le Pape Jean-Paul II lors de la messe à la Base Aérienne de Yaoundé*, 15 septembre 1995, p. 3.
[205] *Ibidem*, p. 2-3.

chrétienne est pour l'archevêque, un ordre divin qui demande de ne pas remettre la tâche à plus tard. « J'ai vu la misère de mon peuple. Va…mets-toi à l'œuvre ». Cet ordre est adressé à l'Eglise, donc tous ses membres sans exception : clercs, laïcs, religieuses et religieux. [206]

Elle n'est cependant pas une entreprise facile, elle est exigeante, reconnaît l'archevêque de Yaoundé. « La liberté se construit dans le projet et la tension de devenir de plus en plus homme, de plus en plus femme… Elle passe par le respect de la vie, […], le respect des règles et de la prudence qui protège la vie ». [207]

Libres, nous le serons si nous savons sauvegarder notre dignité, affronter la menace, refuser les facilités. Cette liberté-là, liberté intérieure, liberté de l'homme et liberté de la grâce de Dieu, c'est celle-là que le Christ apporte, c'est celle-là que l'Eglise veut promouvoir en formant des hommes fiers et courageux. [208]

Il incombe à l'Eglise de former des hommes et des femmes courageux, investis de la puissance prophétique du Baptiste et un cœur compatissant du Bon Samaritain qui est le Christ lui-même qui rencontre les peuples d'Afrique sur la descente de Jérusalem à Jéricho qui, après les ayant aidés à purifier la mémoire de l'histoire leur donne la certitude qu'ils sont aimés de Dieu. Il s'agit de renouer le dialogue profond, fécond et responsabilisant, personnel et communautaire avec son Créateur et Sauveur.[209]

Libération de la femme africaine

Pour Mgr Zoa, un cas crucial de libération qui incombe à l'Eglise est celle de la femme africaine.

Dans un moment où la conférence mondiale vient d'être célébrée sur la femme, l'Eglise africaine élève sa voix pour le respect de la dignité de la femme, n'oubliant pas sa responsabilité d'épouse et de mère, sa contribution à l'éducation et à la promotion de notre peuple et de la société à l'exemple de la femme qui abat le dragon. [210]

---

[206] *Ibidem.*
[207] Homélie de Noël 1993.
[208] Messe des victimes du train de la mort, 25 février 1962.
[209] *Ibidem.*
[210] Mgr Jean Zoa, *Mot d'accueil adressé à sa Sainteté le Pape Jean-Paul II lors de la messe à la Base Aérienne de Yaoundé*, p. 3.

Il reconnaît les mêmes droits et les mêmes devoirs aux femmes comme aux hommes et appelle de ses vœux que la femme reçoive une formation « automatisant » qui lui imprime la liberté intérieure pour être à son aise.

L'évêque déplore le fait que certains hommes, et parmi lesquels certains prêtres, semblent n'avoir pas appris à travailler avec les femmes. Ils ont développé une peur et une timidité qui les empêchent de dialoguer avec le sexe opposé. Ainsi, on trouve des prêtres surchargés dans les paroisses alors qu'il y a des Sœurs à côté qui cherchent le travail ou doivent se tailler seules pour s'en procurer un. Il demande que les Sœurs soient formées à la réflexion, à l'élaboration des programmes, la concertation pastorale. Il veut que le travail des Sœurs soit officiel, participatif et vécu. [211]

Théologie de la création

La terre, ensemble du monde matériel ; lieu où l'homme habite, agit, lutte, souffre, espère, est le théâtre de l'histoire. Elle est l'œuvre du Dieu Amour qui l'a créée pour l'homme. Dieu dit à Adam et Eve : « Je vous donne toutes les herbes portant semence, qui sont sur toute la surface de la terre, et tous les arbres qui ont des fruits portant semence : ce sera votre nourriture. » (Gn 1, 29-30). Après cette remise du règne végétale, Dieu installe l'homme maître de la gent animale qu'il présente « pour voir comment il les appellerait » (Gn 2, 19-20).[212] Dans l'idée de Dieu, le rôle de l'homme sera un rôle éminemment actif. Il ne devra pas laisser la matière là où elle est. Il devra se mettre au travail et transformer peu à peu sa demeure terre. Ainsi, l'homme est irrévocablement condamné au progrès s'il ne veut pas abdiquer ».[213]...Créé à « l'image et à la ressemblance de Dieu », le chrétien doit être conscient de sa liberté face au monde, face aux choses, face aux hommes. Dieu nous a fait confiance en nous conférant la redoutable dignité et capacité d'être ses partenaires.[214]Notre Dieu nous a faits à sa ressemblance et veut continuer sa création par nous ! Il nous a donné son intelligence, sa raison et c'est un devoir de l'homme, en tant qu'image de Dieu, de reproduire dans son

---

[211] Cf *Ibidem.*
[212] Homélie de l'Assomption, 15 août 1992.
[213] Jean Zoa, *Mystique du travail*, cité par Homélie de Pâques 1970, cité Par Gisuseppe Di Salvatori, « Thèmes majeurs de la prédication de Mgr Jean Zoa », in *Cahiers réflexion* 8 (2006), 98.
[214] Homélie de Noël 1988 in *Ibidem*, 99.

comportement, ces reflexes d'intelligence, de la raison, de la rationalité ![215]

Autopsie de la situation africaine

Pour Mgr Zoa, le malheur de l'Afrique et des Africains vient d'une mauvaise conception et d'une mauvaise utilisation des biens créés par Dieu et mis à la disposition de l'homme avec l'invitation de participer lui-même à l'organisation du monde. Cette conception est le fruit de l'éducation clanique mais aussi de l'éducation missionnaire. En d'autres termes, l'Africain n'a pas assez compris que Dieu le veut co-créateur. Raison pour laquelle, une phrase comme celle-ci : « Dieu a créé le monde pour la prospérité et l'abondance lui fait peur ». Dans sa mentalité, tout ce qui évoque le bonheur, la réussite sociale est entouré de soupçon. Chaque fois qu'un frère ou une sœur réussit en affaires, il doit s'expliquer devant la communauté, car on conçoit que les choses de cet ordre ne peuvent résulter que d'un pacte signé avec le diable et nécessairement avec une contrepartie qui ne peut être que la vie d'un proche (famille ou clan) à sacrifier. La réussite, constate Mgr Zoa, au lieu d'être un motif de joie en Afrique engage plutôt la haine, la méfiance entre les membres de la famille ou les membres de la communauté pour la seule raison qu'on ne la conçoit pas comme le résultat de la mise en valeur des facultés que Dieu a mises à la disposition de l'homme pour participer à sa mission de co-créateur, mais comme un gain anormal qui exige l'élimination de quelqu'un de sa famille ou du clan.[216]

Par ailleurs, Mgr Zoa note que la première évangélisation n'a pas aidé l'Africain à avoir un regard positif sur les biens créés. Les missionnaires ont formé les fidèles au désintéressement des choses de la terre considérées comme sataniques.

Les expressions qu'on a employées dans notre langue pour exprimer l'intérêt des choses du ciel et l'intérêt de la chose de la terre sont si contradictoires que le chrétien, pour être véritablement chrétien, doit se désintéresser de tout ce qui est terrestre. Nous avons des prières qui, le matin après la communion, nous enseignent à dire à Jésus : « Je ne te donne aucune joie terrestre, donne-moi les joies du ciel »…Le chrétien doit s'occuper des choses de l'âme non celles du corps. Cette répétition a fini par créer chez les Africains catholiques et chrétiens, une espèce de désintéressement total, vis-à-vis de la prise en charge

---

[215] Homélie de la messe pour les sinistrés de Nsam, 22 février 1998.
[216] Homélie du 18.06.1994.

du monde. [217]

La conséquence en est que lorsqu'on parle aux chrétiens de leur engagement dans le monde, de la prise en charge du monde à organiser, ils sont étonnés et réagissent comme si l'Eglise voulait se mêler de la politique.[218] Ce mode de vouloir faire du christianisme un angélisme vire les fidèles à chercher à se décharger de leur mission pour la transformation de la terre au profit de la recherche des solutions faciles proposées par les marchands d'illusions pour résoudre leurs problèmes. Ajoutons à ce tableau l'éducation aussi coloniale qui a paupérisé en l'Africain la volonté de collaborer même pour son propre bien.

> *L'Européen vient avec ses techniques. Il a un ordre social qu'il veut installer dans la société africaine où il est le maître. Il veut arriver à une certaine efficacité immédiate de réalisation. Etant donc tuteur, et l'Africain sous-tutelle, l'éducateur impose les méthodes d éducation qui lui semblent les plus adaptées. Cela habitue l'Africain et l'Afrique à être pris en charge, tout comme l'individu avait été pris en charge dans le petit clan ; l'ensemble d'un territoire qui a été découpé sera lui aussi pris en charge par la puissance colonisatrice, la puissance de tutelle. On nous dira qu'il faut faire des routes, qu'il faut aller à l'hôpital pour être vacciné contre la variole ou autre chose, sans que nous sachions exactement pourquoi. Il sera traité presque coup de chicotte contre la maladie du sommeil.[219]*

Mgr Zoa se refuse autant à l'afro-pessimisme de l'assistanat paternaliste qu'à l'Afro-pessimisme béat et irresponsable et rappelle aux baptisés africains le devoir de la lucidité et du réalisme engagé, basés sur l'analyse. Aux communautés chrétiennes,

> *il revient de DISCERNER avec l'Esprit Saint, en communion avec les frères chrétiens et tous les hommes de bonne volonté, les options et les engagements qu'il convient de prendre pour opérer les transformations sociales, politiques et économiques qui s'avèrent nécessaires avec urgence en bien de cas.[220]*

La résurrection du Christ, garantie de notre propre résurrection, nous invite à ne pas mépriser la création de Dieu, le corps parmi, mais au-delà, toute la terre et ses réalités. Certes, il y a le danger d'adorer les biens terrestres ou d'en faire une fin en soi. Toutefois, « dans le plan de Dieu, les biens de la terre doivent rester ordonnés à la

---

[217] Jean Zoa, « Problème d'Eglise dans un pays en voie de développement », in *DC* 1403 (7 juillet 1963), 874.

[218] *Ibidem*

[219] *Ibidem*, 874-875.

[220] « Intervention de Mgr Zoa au Synode Africain de 1994 », in *Une approche globale pour préparer les outils et élaborer une pédagogie catéchétique*, 9 mai 1994, 9.

véritable finalité de l'homme et du monde qui est le Royaume de Dieu ».[221] Par conséquent, « Aménageons et respectons la terre, ses réalités, l'environnement, pour la liberté, l'épanouissement et le bonheur de nous-mêmes, de notre famille, de notre communauté, de notre pays et de l'humanité entière ».[222]

Les obstacles de la mise sur pied d'une théologie de création : ignorance exploitée par le charlatanisme pastoral et démission de ses responsabilités

L'archevêque de Yaoundé fustige l'obsession des sacramentaux et du messianisme qui ne sont que des diversions pour éloigner le chrétien de la parole de Dieu au profit d'un ritualisme qui n'est qu'un syncrétisme des pratiques ancestrales dosées d'une couche du christianisme. Le Père Di Salvatore résume la critique de Mgr Zoa dans son homélie de la Toussaint 1990 ainsi :

L'Eglise est intervenue par la voie de Mgr Zoa, condamnant ce qu'il a appelé « diversion messianique » : la recrudescence des rites ancestraux, la pullulation des sectes et l'action rampante des sociétés secrètes dans les milieux intellectuels et politiques, la fringale maladives des apparitions de la Vierge Marie, la persistance de la « voyance » et du «maraboutage», les syncrétismes rétrogrades et abêtissants promus et entretenus aussi par certains clercs au nom d'une inculturation mal comprise. Des pratiques qui exploitent sans vergogne la détresse, l'ignorance, la misère des gens et enfoncent toujours davantage les communautés dans des démissions catastrophiques face aux tâches de développement, provoquant des déchirures irrémédiables dans le tissu social.[223]

L'archevêque dit son indignation de constater que le rituel remplace la Parole de Dieu et s'insurge contre ce que son successeur (Mgr André Wouking) appellera la « pastorale sauvage » de certains membres du clergé. Ecoutons encore le Père Di Salvatore :

Stigmatisant le « cléricalisme stérilisant, ignorant, parfois enfantin, sot et païen » qui multiplie les bénédictions et les exorcismes, qui « trahit l'Eglise,

---

[221] Homélie de l'Assomption, 15 août 1992.

[222] *Ibidem.*

[223] Giuseppe Di Salvatori, « La force des Suimangas », *Cahier de Réflexion*, 3 (1998), 15.

[223] Messe pour les sinistrés de Nsam, 22 février 1998.

cultive l'ignorance, l'exploitation des gens sous le couvert de la religion... Que notre Eglise sache remettre la distance, l'espace prévu pour la Parole et la conversion ! Ne nous laissons pas enfermés dans le carcan de la pratique des sacrements qui a fait qu'à une époque, toute la pratique évangélique était seulement les sacrements [...]. Ce n'est pas le sacrement qui est le but de la pastorale ; c'est d'abord l'accueil de la parole, la démarche de la conversion. [224]

La religion chrétienne telle que pratiquée par les fidèles, note Mgr Jean-Zoa, est un refuge où l'homme démissionne de ses responsabilités.

Parfois, mes frères, la religion chrétienne que nous pratiquons nous sert de refuge pour refuser nos devoirs d'hommes. Nous ne faisons pas d'effort pour améliorer notre sort ; nous attendons tout de Dieu. Or Dieu a voulu nous donner une raison, une intelligence, une volonté. Il nous a donné des bras afin que nous en fassions quelque chose ; afin que nous transformions ce monde qu'il nous a confié... les chrétiens bëti n'ont pas encore bien appris ce devoir fondamental. Ils ont cru et ils ont cru faux, que le christianisme était un refuge où, après avoir prié Dieu, on se démet de tout : on laisse sa case sale... on laisse les enfants malades, on ne travaille pas. On passe toute la semaine à assister au deuil ailleurs, à la fête ici, à un mariage là-bas, on travaille un mois par an, et puis, on est toujours pauvre... on pleure et on envie ceux qui font quelque chose, on les critique. Mes frères, cela ne peut pas continuer ! [...] Le ciel s'achète avec la terre. Celui qui ne se sert pas de la terre n'ira pas au Ciel. Jésus nous apporte une espérance. Cette espérance s'adresse aussi au corps... Le Christ promet un monde nouveau : Ce sera la transformation de ce monde. Il nous demande de commencer à le transformer et à y voir la dernière main. [225]

Nécessité d'une catéchèse de la création

Depuis des années, nous insistons pour expliquer les contre-sens qu'on a pu faire dans la catéchèse en parlant de la pauvreté évangélique : la pauvreté évangélique, c'est celle que nous prêche Jésus, quand Satan lui tend la pierre

[224] Giuseppe Di Salvatori, « La force des Suimangas », *Cahier de Réflexion*, 3 (1998), 15.
[224] Messe pour les sinistrés de Nsam, 22 février 1998.
[225] Message de Noël 1963, in *l'Effort Camerounais*, 6 (12 janvier 1964), cité par Giuseppe Di Salvatori, « La force des Suimangas », *Cahier de Réflexion*, 3 (1998).

et lui dit : « Dis une seule parole et cette pierre deviendra du pain ! ». Jésus dit ; « Non, c'est notre loi, la loi de Dieu, la loi du travail ! » Le pain s'obtient par le travail agricole, par toutes les transformations, par la fabrication du pain, par la cuisson du pain et non par être là à dire : « Jésus, dis un mot et cette pierre deviendra du pain ! », c'est contre nature... L'Afrique va accepter la pauvreté, la misère est contre le plan de Dieu.[226]

Il est bien entendu, que pour l'archevêque, la sortie du sous-développement, de la dépendance et du paternalisme passe par la mise en valeur des facultés que Dieu a mise en l'homme pour œuvrer à son bonheur et son souhait est justement que l'Eglise catéchise sur le travail, l'organisation de la vie et la gestion des biens. « Créé à « l'image et à la ressemblance de Dieu », le chrétien doit être conscient de sa liberté face au monde, face aux choses, face aux hommes. Dieu nous a fait confiance en nous conférant la redoutable dignité et capacités de ses partenaires ».[227] « Mû par l'Esprit du Seigneur et solidaire avec les autres hommes, le peuple de Dieu travaille à la parturition et à l'aménagement d'un monde conforme au dessein de Dieu ».[228] Il est alors question pour lui « d'humaniser les forces, les potentialités et les ressources de la nature pour le service des hommes et des communautés humaines ».[229]

Une théologie et une spiritualité de la création... motivantes et mobilisatrices dans un continent en péril et menacé qui doit se prendre en charge, en mettant en exergue, le devoir de rationalité ; d'ingéniosité créatrice..., de gestion du temps, de l'espace par l'effort, le travail, la science, la technologie... ; d'organisation de la cité (société politique), de l'espace urbain ; de la promotion et des services de la personne, de la famille, de la communauté, de la culture, de la paix ; d'exorcisme d'argent. Chrétiens camerounais et africains, nous reconnaissons la Seigneurie transcendante du Père Créateur du ciel et de la terre, et du Fils, à qui le Père a tout remis... Reconnaissons aussi la Seigneurie imposée à l'Homme et à la Femme sur l'univers comme responsabilité découlant de sa dignité d'«Homme et de femme», créés à l'image de Dieu et charger de « dominer » et de « soumettre » la terre... Que le Synode vienne rappeler clairement et vigoureusement aux Eglises chrétiennes d'Afrique l'urgence d'une théologie de la création pour éliminer le fatalisme,

---

[226] Homélie pour les sinistrés de Nsam, 22 février 1998.

[227] Homélie de Noël 1988, cité par G. Di Salvatori, in « Thèmes majeur de la prédication de Mgr Jean Zoa », 99.

[228] Mgr Jean Zoa, « La mission du laïc africain à la lumière de Vatican II », in *Rencontre panafricano-malgache des laïcs Accra (Ghana)*, 11-18 août 1971, 34.

[229] Homélie de Noël 1988, cité par Giuseppe Di Salvatori, in « Thèmes majeur de la prédication de Mgr Jean Zoa », 99

la passivité et la résignation du continent « sous-développé ».[230]

Le manque d'une bonne théologie de la création pousse l'Africain à croire au fatalisme ou à renoncer vite à la recherche des causes secondes devant les cataclysmes ou les accidents, à la manière des disciples qui demandent au Christ si c'est l'aveugle qui a péché pour devenir aveugle ou ses parents (Cf Jn 9, 2) ou encore comme ceux qui spéculent sur les causes de la mort des Galiléens massacrés par Pilate lorsqu'ils faisaient le sacrifice et les personnes décimées par la chute de la tour de Siloé (cf Lc 13, 1-5). « Nous devons cesser d'attribuer à Dieu les malheurs qui nous arrivent pour nous justifier nous-mêmes et pour donner les torts aux autres… Jésus nous invite à nous occuper de nos propres péchés, de nos fautes, plutôt que des torts des autres ». [231] L'archevêque profite pour enseigner à son peuple les causes du mal qu'il y a dans le monde et leurs éventuels remèdes. Il y décèle trois causes :

- Le mal peut être dû à la défaillance technique. Tel est le cas de la tour de Siloé qui appelle à plus de sérieux dans la construction de nos villes et de nos villages, faute de quoi nous périrons.

- Le mal peut être dû au manque d'éducation de nos réflexes, nos comportements dès notre petite enfance.

- Le mal peut être encore dû à la pauvreté. Nous devons nous organiser solidairement pour la combattre. Sortir du sous-développement, c'est user la confiance personnelle et interpersonnelle pour libérer les énergies en vue d'édifier mutuellement et non de détruire.

Mgr Zoa exhorte l'Eglise à s'engager pour bâtir une théologie de la création grâce à laquelle elle peut aider les Africains à participer à une organisation et à une véritable construction de l'Afrique.[232]

Les chrétiens d'Afrique n'arriveront pas à une foi d'adultes s'ils ne découvrent pas une catéchèse à travers laquelle les mystères de la création, de l'incarnation et de la rédemption, l'autonomie, l'originalité et en même temps, les caractères du religieux et du profane. [233]

Il est des vœux de Mgr Jean Zoa que la catéchèse aborde les problèmes terrestres et il faut pour cela entraîner les catéchistes à une réflexion chrétienne sur : la famille, le champ, le travail, les qualités d'un citoyen…[234] Il ne faut pas oublier

---

[230] Homélie de Pâques, 11 avril 1993.
[231] *Messe pour les sinistrés de Nsam.*
[232] Cf Jean Zoa, « Problème d'Eglise dans un pays en voie de développement », in *DC* 1403 (7 juillet 1963), 874.
[233] *Ibidem*, 875.
[234] Cf *Ibidem*

dans cette catéchèse, la formation à la mobilisation et l'intégration du peuple dans la prise des décisions. Il faut enseigner comment « humaniser les forces, les potentialités de la création pour le service des hommes et des communautés humaines ».[235] Il faut mobiliser les fidèles à « une lecture du signe des temps en Afrique sub-saharienne et particulièrement au Cameroun ; à l'esquisse d'une théologie ou d'une spiritualité de création, motivantes et mobilisatrices dans un continent en péril et menacé qui doit se prendre en charge ».[236] Cette théologie est nécessaire pour éliminer le fatalisme, la passivité et la résignation au statut du «continent sous-développé ».[237]

En somme, se refusant autant à l'Afro-pessimisme de l'assistance paternaliste béat et irresponsable, Mgr Zoa rappelle aux baptisés africains le devoir de lucidité et de réalisme engagé basé sur l'analyse.[238]

---

[235] *Homélie de Noël* 1988.
[236] *Homélie de Noël* 1993.
[237] Homélie de Pâques, 11 avril 1993.
[238] Cf *Une approche globale pour préparer des outils et élaborer une pédagogie catéchétique*, 9 mai 1994, 9.

BIBIOGRAPHIE

Sources

- « *Lumen Gentium* », *in Documents conciliaires 1,* Edition du Centurion, 7-155.

 - « L'Eglise dans le monde de ce temps. *Gaudium et Spes,* in Documents conciliaires 3, Edition du Centurion, 15-245.

- « Apostolicam Actuositatem », in *Documents conciliaires* 3, Edition du Centurion, 247-313.

De Mgr Jean Zoa

- « Interview de s. exc. Mgr Zoa », in *Documentation Catholique,* 1042 (16 juin 1963), 814-815.

- « Problème de développement dans un pays en voie de développement », in *Documentation Catholique,* 1403 (7 juillet 1963), 870-881.

- « Œcuménisme et mission », in *Documentation Catholique,* 1415 (février 1964), 67.

- « Synthèse dans le Christ et les cultures », in *Documentation Catholique,* 1438 (20 décembre 1964), 1361.

- « Evangélisation : Coresponsabilité et incarnation » in *Documentation Catholique,* 1664 (17 novembre 1974), 995-996.

- « La mission du laïc africain à la lumière de Vatican II », in *Rencontre panafricano-malgache des laïcs Accra (Ghana),* 11-18 août 1971, 28-39.

- « Homélie à l'Assemblée plénière de Lourdes », in *Documentation Catholique* 1840 (21 novembre 1982), 1054-1056.

- « Allocution adressée au Pape Jean-Paul II à l'occasion de la visite Ad Limina des évêques Camerounais », in Documentation Catholique, 1844 (16 novembre 1983), 85-88.

- Homélie des ordinations presbytérales et diaconales du 16 juin 1990, Cathédrale de Yaoundé

- Homélie de la Journée Mondiale de la Paix, 1er janvier 1992.

- Homélie de la fête de l'Ascension, 28 mai 1992.

- Homélie de la fête de l'Assomption, 15 novembre 1992, Cathédrale de Yaoundé.

- Homélie de la fête de Pâques, 11 avril 1993, Cathédrale de Yaoundé.

- Homélie des ordinations diaconales, 19 juin 1993, Cathédrale de Yaoundé.

- Homélie de la Messe de nuit de Noel, 25 décembre 1993, Colline de Mvolye.

- Homélie de la messe de Noel, 25 décembre 1993, Cathédrale de Yaoundé.

- Homélie de la fête de Pâques, 3 avril 1993, Cathédrale de Yaoundé.

- Homélie des ordinations diaconales et presbytérales, 18 juin 1994, Cathédrale de Yaoundé.

- Une approche globale pour préparer des outils et élaborer une pédagogie catéchétique en vue du Synode des évêques africains, 9 mai 1994.

- Homélie de la fête de Sainte Thérèse d'Avila, 15 octobre 1994, Cathédrale de Yaoundé.

- Homélie d'ordination de deux Pères Pallottins, 2 juillet 1994, Paroisse de Mfoundi a Si.

- Homélie de la fête de Toussaint, 6 novembre 1994, Cathédrale de Yaoundé.

- Homélie de la fête de Toussaint, 3 novembre 1995, Cathédrale de Yaoundé.

- Homélie de la Pentecôte, 18 mai 1997, Cathédrale de Yaoundé.

- Homélie de Noël, 25 décembre 1997, Cathédrale de Yaoundé.

- Homélie de la Messe pour les sinistrés de Nsam, 22 février 1998, Cathédrale de Yaoundé.

- *La relance du Synode, in Archidiocèse de Yaoundé. Synode diocésain, Une Eglise africaine s'interroge.*
- *Mot d'accueil adressé à sa Sainteté le Pape Jean-Paul II lors de la messe à la Base Aérienne de Yaoundé.*

Sur Mgr Jean Zoa

- AZEUFACK Philippe, *Monseigneur Jean Zoa Pasteur et Père des Jeunes*, AMA, Yaoundé 1999.

- AZEUFACK Philippe, *Mgr André Wouking, Pasteur selon le cœur de Dieu*, Les Presses Universitaires de Yaoundé 2004.

- MESSINA Jean-Paul, *Jean Zoa, prêtre et archevêque de Yaoundé*, Presse de l'UCAC, 1998.

- MESSINA Jean-Paul, *« Monseigneur Jean Zoa, son héritage et son enseignement ». Les actes du colloque organisé à Yaoundé 9-10 décembre 1998*, Centre Redemptor Hominis, Mbalmayo 1999.

OSSAMA Nicolas, *Monseigneur Jean Zoa. Christianisme africain et destin de l'Afrique*, Imprimerie CPS/ Paul Etoga, Mbalmayo 2006.

- *Annales de l'Ecole Théologique Saint Cyprien*, 4 (1999).

- CIPOLLINI Antonietta, *Una teologia autenticamente Africana e autenticamente Cristiana. Rapporto fede-cultura nella teologia africana: il caso del Camerun*, Pontificia Università Gregoriana, Roma 1993.

- *Des prêtres noirs s'interrogent*, Cerf, Paris 1956.

- DI SALVATORI, Giuseppe « La force des Suimangas », in *Cahiers de Réflexion*, 3 (1998), 11-47.

-________________, « Thèmes majeurs de la prédication de Mgr Jean Zoa » in *Cahiers de réflexion* 7(2006), 78-108.

- EBOUSSI BOULAGA Fabien, *Le christianisme sans fétiche. Révélation et domination*, Présence Africaine, Paris 1981.

________________, « Les écrivains africains devant le christianisme », in *Pirogue*, 28 (janvier - Mars 1978).

- ELA Jean-Marc, *Ma foi d'Africain*, Karthala, Paris 1985.

- ________, *Repenser la théologie africaines*, Karthala, Paris 2003.

- GRASSO Emilio, *Dialogue avec l'Afrique,* Presse Universitaire d'Afrique, Yaoundé 1997.

- HAMIDOU-KANE Cheik., *L'Aventure Ambiguë*, 10/18 Julliard, 1961.

- MVENG E., *Identità Africana e Cristianesimo*, SEI, Torino 1990.

- PAUL VI, *"Africae Terrarum"*, in *Documentation Catholique*, 1505 (19 novembre 1967), 1937-1956.

- POUCOUTA P., « Pour une spiritualité de la responsabilité », in *Séance d'ouverture de l'année académique 1996-1997*, Ecole de théologie Saint Cyprien (Ngoya), Yaoundé 1996, 11-24.

- *Spiritualità Monfortana*, centre international monfortano, Roma 2009.

- TETTAMANZI Card. Dionigio, "la boussola della *Gaudium et Spes*", in *Il Regno*, 982 (1 gennaio 2006), 24-29.

TABLE DES MATIERES

9 789997 534292